つながり過ぎた世界の先に

マルクス・ガブリエル 著
Markus Gabriel
大野和基 インタビュー・編　髙田亜樹 訳
Ohno Kazumoto　Takada Aki

PHP新書

はじめに――編集部より

ＣＯＶＩＤ－19により、世界中が一つの喫緊の問題に取り組まざるを得なくなるという、これまであまり類例のなかった事態が出来《しゅったい》した。

人びとがグローバルに行き来する時代――いわば、人びとが「つながり過ぎた時代」ゆえに起こった災厄に覆われた世界。人びと、とくに高齢者が常に感染のリスクに晒《さら》され、医療が逼迫《ひっぱく》し、経済活動が制限され、海外への渡航もままならない。今後の見通しを立てるのが難しく、ともすれば悲観的になってしまうこの状況で、日本人はどのようなビジョンを持ち得るだろうか。

我々は、「新しい実在論」を掲げる哲学の旗手、マルクス・ガブリエルに、コロナ禍以後の時代をどう見ているのか、ＺＯＯＭでロングインタビューを試みた。

インタビュー前は多少、懸念も抱いていた。ロックダウンが行われたドイツで、ガブリエルは日々どのように過ごしているのだろうか。パンデミック前は世界中を飛び回っていた

「哲学界のロックスター」は、思わぬ形で行動を制限され、鬱々《うつうつ》とした気持ちを抱えているかもしれない……。

そんな心配は、杞憂《きゆう》だった。ガブリエルは、前著『世界史の針が巻き戻るとき』のときと同様、非常に快活に、意欲的に自らの「希望」を語った。危機は人を倫理的にする。「搾取する資本主義」は崩壊しつつあり、倫理資本主義がさらに普及するだろう。すでにその兆候はいくつも現れている――。自身の現在の活動を披瀝《ひれき》しながら、「新しい実在論」や「新実存主義」に基づく自らの思考を丁寧に論じてくれた。

哲学は何の役に立つのか、という疑問をしばしば耳にする。哲学者は、現実から遊離した抽象的な世界で「言葉遊び」に終始する連中なのではないか――といったような。しかし哲学者は、徹底した抽象的思考を行うからこそ、総合的で普遍的なビジョン、いわば「グランドセオリー」を示すことができる。

グランドセオリーとは、アメリカの社会学者、C・ライト・ミルズが提唱した言葉であり、特定の社会や経験に依拠しない、社会や人間の経験についての広範な理論化を指す。ガブリエルによると、マルクスの『資本論』やジョン・ロックの政治哲学などがその例として挙げられる。本書で紹介する、カントとヘーゲルによる「権利・法」の概念化も、普遍性のある理論が構築された例と見なしていいだろう。

ガブリエルは本書で、新しい時代のビジョンをはっきりと明示している。いわば、哲学者がなすべき仕事をしっかりと果たしたのである。


本書でガブリエルは、「つながり」にまつわる三つの問題——「人とウイルスのつながり」「国と国のつながり」「個人間のつながり」について自らの見通しを示し、そのうえで倫理資本主義の未来を予見する。

第Ⅰ章「人とウイルスのつながり」では、ロックダウンの措置もとられたドイツで、自らがどのように行動したかを語りながら、先述したコロナ禍以後の世界のビジョンを示す。

第Ⅱ章「国と国のつながり」は、国際関係をテーマとしている。大統領が交替したアメリカと膨張する中国の鞘当《さやあ》ては今後も続く。世界の各国が米中のせめぎ合いの影響を受けざるを得ない状況について、ガブリエルがドイツ人としての立場から見解を語る。さらにEUが抱える問題に言及し、2021年で退任する見込みのアンゲラ・メルケル首相について総括的に論じる。

第Ⅲ章「他者とのつながり」では、「自己」を押し付けてくるSNSの深刻な問題を読み解き、さらに日本人のコミュニケーションについてドイツ、ニューヨークと比較しながら論じる。建設的な議論を行うことが苦手な日本人に対して、「スムーズに議論を行うためのヒント」を提案する。

第Ⅳ章「新たな経済活動のつながり――倫理資本主義の未来」では、自らが関わる具体例を挙げながら、倫理的な企業の取り組みを紹介し、進化した資本主義の形を構想する。

このように様々な「つながり」について論じたのち、第Ⅴ章「個人の生のあり方」では、改めて「人間という存在」にフォーカスし、考えるとはどういうことか、人生の意味とは何かなどの根源的な問いを扱う。つながりによっていたずらに翻弄されることなく、「人間らしく」生きていくための思惟《しい》を展開する。

本書の成り立ちについて述べておきたい。本書は、ジャーナリストの大野和基と編集部とで行った、英語でのロングインタビューを編集する形で刊行している。翻訳は、日本政府国連代表部専門調査員、国連開発計画コンサルタントなどのキャリアを持ち、国際的な諸問題のリアルを目《ま》の当たりにしてきた髙田亜樹氏に行っていただいた。

以前とはすっかり変わってしまった世界で、マルクス・ガブリエルという希代《きたい》の哲学者は、何を考えているのか。ガブリエルならではの大胆なメッセージを、是非、楽しみながら読んでいただきたい。

大野和基＋編集部

※本文中のユーロ表記は1ユーロ約126円(2021年2月時点)として換算している。

つながり過ぎた世界の先に

目次

第Ⅱ章

国と国のつながり

第Ⅲ章

他者とのつながり

第V章 個人の生のあり方

第Ⅰ章

人とウイルスのつながり

1 同期化した世界

世界が意識的に行動を統一させた

COVID−19の蔓延《まんえん》により、おそらく人類史上初めて、世界中で人間の行動の完全な同期化が見られました。すべての人間が、微妙に違うやり方だとはいえ、基本的に同じ行動をとったのです。全員が同時に感染の拡大を防ごうとしたわけです。

当然数週間、あるいは数ヶ月のタイムラグはありました。感染源の中国に距離が近い東アジアの国々はいち早く反応しました。このようにわずかなタイムラグはあったものの、全世界がほぼ同時期に同じ行動をとりました。

私が住んでいるドイツでは、メディアを介さず直《じか》に起きていることを観察できたわけですが、当然ながらとても複雑な状況でした。他の国でもそうでしたが、変化は段階的に起こりました。これらの段階がどの程度連動していたのかはわかりません。しかし当初ドイツで起きた最大の変化は、社会の結束が著しく強まったことです。何をするにも、人とどのくらい近づくべきなのか、直接話しかけても良いのか、スーパーマーケットではどのくらいの時間をかけて買い物するのか、手袋やマスクは着けるのか、などと考えるようになりました。

ＣＯＶＩＤ－19がパンデミックであると宣言される前から、私はマスクも手袋も着用していましたが、周りには外国人、特に中国人のように見られていました。私が知っているドイツ在住の中国人の学生などはみんなマスクをしていましたが、変人扱いされていました。

日本では以前から風邪を引いたらマスクをするのが当たり前でしたが、外国ではおかしな目で見られたことがあるかもしれません。しかし社会が結束した結果、今では正反対の状況になりました。マスクをしなければならない状況の中で、マスクを着けずに誰かと会うと、その場にいる人の大多数に非難される。なんとかウイルスに打ち勝つために、社会が明確に、意識的に行動を統一したということです。

史上初めて、中国が世界中の人間の行動を統合した

驚いたことはたくさんありますが、私が最も眼を見張ったのは、世界中の人間の行動を最初に統合し、ロックダウンの方法やペースなどを設定したのが中国だったということです。

中国が人類史上初めて、すべての人の行動を変えることに成功したのです。計画的に行ったわけではありません。中国のメディアや政府が意図的に人類の行動パターンを一挙に変えたとは言っていません。そんなことは誰にもできなかったと思いますが、中国が世界をリードしたことは注目に値すると思います。

中国はそうすることによって利益を得たわけではありません。パンデミックが起きて中国の状況が以前よりも良くなったわけではありません。しかし、中国がリーダーとして世界の基調を定めた。これは新しいことです。こうした同期化はかなり興味深いものです。

さらに分析を加えると、この同期化はウイルスが我々に強《し》いたものではありません。すべての人間は当然ながら同じ種です。日本の方々は私と同じ種の日本版であるというだけで、同じホモサピエンスです。同期化の説明として考えられるのは、ホモサピエンスはウイルスに直面したとき、特定の反応をするということです。しかし私たちはウイルスに反応しているのではなく、ウイルスの表象に反応しているのです。すべてのホモサピエンスがウイルスに対して同じ反応をするという説明は単純だと思います。

ウイルスの表象に反応している

例えば、パンデミックの発生当初、ウイルスのリスクは実際よりも遥かに誇張されて伝えられました。ウイルスの致死率あるいは死亡率（これらのパラメーターをどう定義するかによりますが）は10％であると考えられていました。つまりSARSと同じようなものだとされていましたが、実際にはそうではなかった。普通のインフルエンザや風邪とも異なり、何の対策も講じないのもやや危険だが、ロックダウンを実施するほど死亡率は高くないということがわかった。このウイルスはこういう性質を持っているのです。

ところが厳密には、これは「ウイルスの性質」ではなく、「ウイルスの表象の性質」なのです。我々はウイルスに対して何もしないことだって可能です。ウイルスを放置すれば一定の結果を招くことになり、その結果を気に入るかもしれないし、気に入らないかもしれない。いずれにしても、ウイルスは人間に行動を強制するものではありません。つまり人間のウイルスに対する反応は、人間性そのものが引き起こしているわけではないのです。ですから行動の同期化には、社会経済的、政治的、心理的な説明、そして最終的には哲学的な説明が必要だと思っています。多くの国と、夥《おびただ》しい数の人が、ウイルスの個人や社会全体へのリスクを過大評価している一方で、一部の人は過小評価しています。

2

2019年以前の秩序は終焉した

私の行動の変化

ドイツはたくさんの法律を制定し、法的・政治的な戦略を実施し、人々の行動の変化を引き起こしました。良くも悪くも、人の行動を強制的に変えたわけです。しかし結局、私自身の生活を最も変えたのは、ウイルスよりも遥かに大きな危機を認識したことでした。私にとって、このウイルスは大規模な政治的問題について考える心理的な引き金となりました。

政治的問題というのは、民主主義における、統治のシステムとリーダーシップの重要性がさらにはっきりしたことです。哲学者のペーター・スローターダイク[1]はコロナ禍におけるドイツについて「今は民主主義のエクササイズの時期だ」と唱え、誰が何に責任があるのか、私の権利は何か、私の義務は何か、我々はいかにしてパンデミックと戦うことができるのか、他の天災についてはどうかなどが問われていると述べました。

また、私はこれまでよりも遥かに環境に配慮する（ecological）ようになりました。私は２月半ばから今まで（２０２０年８月まで）一度も飛行機に乗っていません。最後にレクチャーを行った会議はベルリンで開催されたフリーメイソンの最高階位の集会です。保健関係の専門家も大勢いましたから、陰謀論者は怖がるかもしれません（笑）。とにかく、最後に飛行機に乗ったのはこのときでした。

あらゆることが起こった今、社会全体について考え直しています。思想家として当然の反応をしているわけです。個人的には、世界保健機関（ＷＨＯ）がパンデミック宣言を行う前に、自分のスタッフ全員に在宅勤務を命じました。

また、自分がスーパーマーケットに行くときは手袋とマスクを着け、ソーシャル・ディスタンスを守り、徹底的に感染防止に努めました。「自宅隔離（quarantine）」という言葉が使われる前から自宅隔離を行っていたのです。そのときはこうした感染防止策を合理的な選択だと考え、最も悲観的なリスク評価を行いました。この時点では致死率は10％かそれ以上、感染力の高いＳＡＲＳのようなウイルスかもしれないと考えられていました。結果的には違ったわけですけれども。

ハインスベルク調査[2]の結果が公表されたときが私にとっての転換点で、その後少し行動を調整しました。日本ではこの研究を耳にされたことがあるでしょうか。ドイツでは3人の著名なウイルス学者の間で論争があるのですが、そのうちの2名はボン出身です。

ボン大学のウイルス学の教授であるシュトレークは、ボンに近い感染集中地域で最初の研究を行いましたが、これは今でも世界で最も優れた研究の一つです。私は彼が集めたデータを見て、その一部について説明を受けました。そこで致死率0・4％という魔法の数字を聞いたのです。

もちろんこの0・4％は複雑に人口に分布しており、すべての人がCOVID－19によって死ぬ確率が0・4％であるわけではなく、例えば年齢層によって致死率は違うわけです。私の5歳の娘と比べて、私の致死率は高い。これは誰もが知っていることです。しかしいずれにしても、致死率は10％にはまったく及ばないと知り、少し肩の力が抜けたのです。

この頃から、私たちと会いたいという人たちとは会うようになりました。自分たちよりもウイルスを恐れている人と会うのは非倫理的ですが。自分のデータ解釈を人に押し付けるつもりはありません。私の解釈は間違っているかもしれないし、各自の方法でリスク評価を行うべきだと思っています。それぞれの心理の問題です。

3月以降、使うのは電車だけです。ベルリンにはだいぶ行きましたし、ハンブルクにも行きましたが、毎回電車です。6時間も乗っていることもありますが、もう慣れました。以前の自分には想像もできなかったことです。日本への12時間のフライトに慣れていたのですから。今は6時間の列車の旅に同じように慣れました。ずっとマスクをしていなければなりませんが、電車では仕事ができるし、快適ですよ。ドイツ人はいまだに怖がって乗らないので、電車は空っぽです。私自身の行動の変化はこんなところです。

個人的にはこの状況を楽しんでいます。ウイルスさえなければ幸せです。驚いたことに、旅行をしたいとも思わないのです。家族と密な時間を過ごし、祖国とじっくり向き合う生活を楽しんでいます。

以前の世界の秩序は影も形もない

メキシコシティの大きな会議で話す予定もあったのですが、対面の会議ができなくなり、オンラインで参加しました。そこで私はポスト・コロナ研究の話ばかりしました。Post-coronial（ポストコロナ）って、post-colonial（ポスト植民地主義）のように聞こえるでしょう？　ドイツで出版された最近の記事で、私は生活世界[3]のコロナ化（coronalization）という表現を使いました。人間の行動はcolonize（植民地化）されただけでなく、coronize（コロナ化）されたと。ポスト・コロナ研究（post-coronial studies）という言葉を発明したのはイタリアの哲学者、マウリツィオ・フェラーリス[4]で、私は彼と共にこの分野について講義するようになりました。

話を戻しますと、オンライン会議では、メキシコ政府の官僚が、「ポスト・コロナなど存在しない」と言ったのです。これこそが世間のいう「ニュー・ノーマル（新常態）」なのだと思います。そこで私は今、社会全体を考え直すことに真剣に取り組んでいます。経済上の取引や、このウイルスが麻疹《ましん》やポリオとは違い、消滅する可能性が非常に低いという事実にどう向き合うべきかということを考えています。

ワクチンの有効率が１００％にはならないことは医学的に明白ですから、ウイルスは決してなくならないことになる。また、仮にウイルスがなくなったとしても、今後の人間の自然界への接触により、別のウイルスが蔓延する可能性は大いにあります。人間の生活圏の拡大は、新種のウイルスの拡散につながるのです。

だからこそ過去20年間に、新型インフルエンザ、ＳＡＲＳ、ＭＥＲＳ、エボラなど、新種のウイルスが続々と出現しているのです。この期間に出てきたウイルスの数は非常に多い。それに気づいた今、もう以前の「普通」の状態に戻ることは決してないと思います。２０１

9年までの世界は終焉したのです。以前の世界の秩序は影も形もない。

ロックダウンと『リヴァイアサン』

コロナ禍ののち、ヨーロッパではロックダウンの措置がとられましたが、これは明らかに例外状態[5]の強制です。カール・シュミット[6]、ジョルジョ・アガンベン[7]などの現代哲学に非常に良い理論があるわけですが、例外状態の伝統は初期近代の政治哲学、トマス・ホッブズ（1588－1679）にまで遡ります。

ホッブズは基本的にロックダウン理論なのです。国家による暴力と警察を正当化する『リヴァイアサン』の有名な表紙がこれを示しています。最近、ある美術史家が発見したのですが、この本の表紙にはたくさんの小さな人間から成る支配者が描かれているのです。非常に興味深い口絵です。さらに、ある町の風景が描かれているのですが、拡大して見ると、ロックダウン状態なのです。ペストの流行を描いており、医師がペストマスクを着けています。

これが例外状態なのです。例外状態では政府、つまり行政機関が、古代ローマ人のいう独裁に基づいた統治を行っている。この場合の独裁とは、一人の人間が他の人間を抹殺することではありません。それはナチスの独裁あるいは中国の独裁のモデルです。ローマ人が独裁政治と呼んだのは、例外状態において、国家を脅かす問題が国家の決断を左右することを指しています。

これが私たちが今置かれている状況です。しかしドイツではこのことについて発言することは許されません。いや、実際には何を言っても良いのですが、ドイツの言論界でこういうことに言及するのが憚《はばか》られるのは、陰謀論者や右翼の大多数がドイツを独裁国家と呼び、政府を転覆させようとしているからです。奇異なことに、彼らはある意味では正しいのですが、事実を間違って解釈している。私がドイツを独裁と呼ぶのは、右翼革命を支持しているからではありません。

このような訳で、私は注意して「ヨーロッパ諸国は衛生独裁のモデルを導入した」と表現しています。批判しているのではありません。ヨーロッパ諸国が民主国家であることに変わりありません。ローマ人のいう独裁を合法的に実施することが可能になったということです。ドイツがやっていることは完全に合法で、厳密にいうとドイツは例外状態にはありません。かたやスペインやフランスは例外状態にあります。イタリアについては、法的な意味で例外状態にあるかどうか定かではありません。

例外状態は、通常なら市民が受け入れるはずのない行動の変化を強制することにつながります。アメリカは２０２０年3月にEU市民の入国を拒否しましたが、普段なら誰もこんなことを受容したはずがない、完全なファシズムだ、トランプはファシストだと非難されたに違いありません。

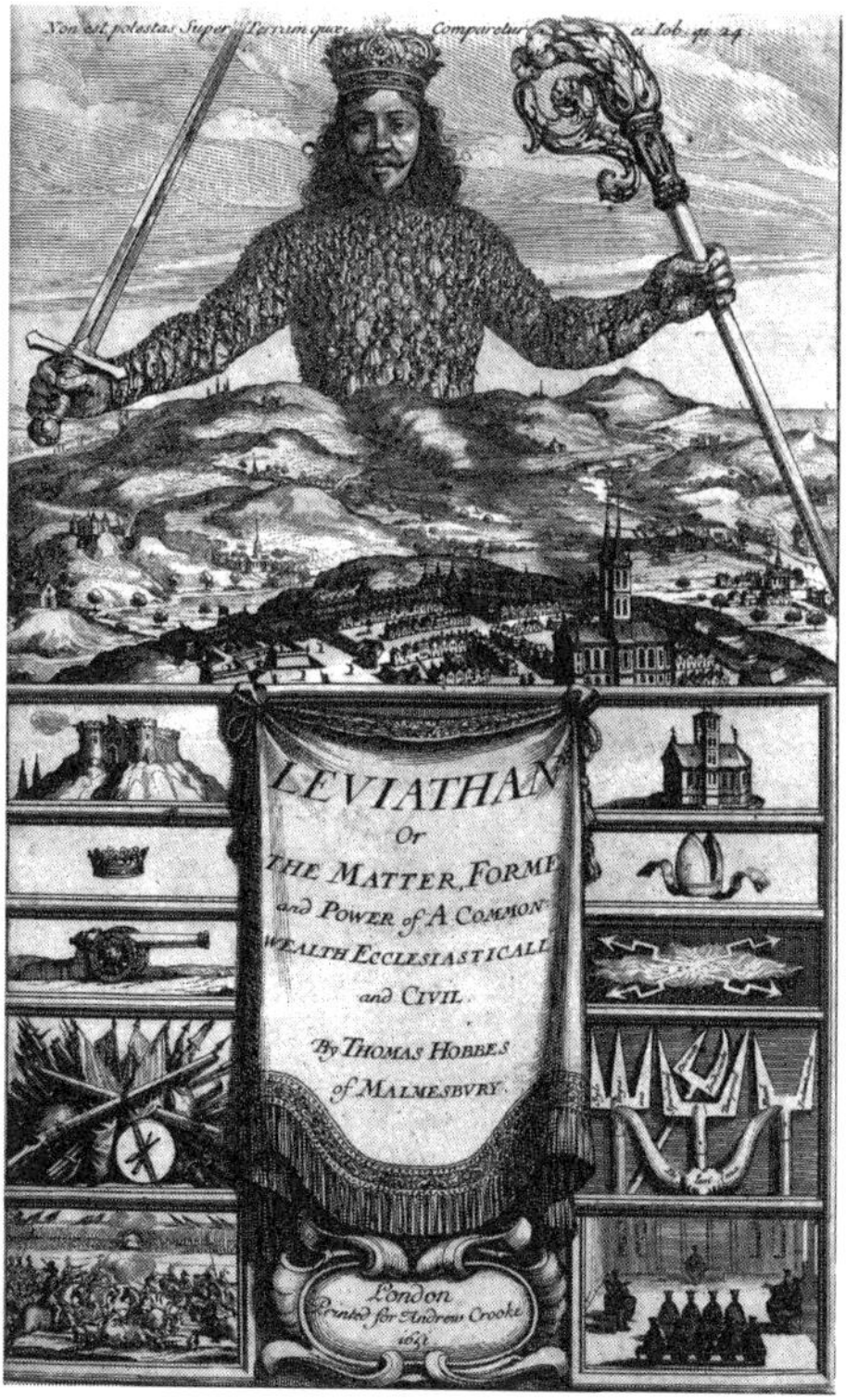

『リヴァイアサン』の表紙。体がたくさんの小さな人間でできている

3　ポスト・パンデミックの資本主義

危機は倫理的進歩をもたらす

ドイツでベストセラーになっている『暗黒の時代における倫理的進歩』[8]（2021年2月16日現在、未邦訳）という最近の拙著にも書いたのですが、私は「危機は倫理的進歩をもたらす」と考えています。私はいわば、危機を楽しみながら観察しています。人類には自分たちの置かれた状況を改善する多大な可能性がある。危機に直面して、人類は倫理的に行動してきたと思います。

倫理を定義しましょう。一人ひとりの人間の行動には、それぞれ違う理由があります。例えばあなた方（二人のインタビュアー）が今日本のオフィスにいらっしゃるのには様々な理由があるでしょう。お二人が同じ場所にいらっしゃれば、私たちは3人別々の場所から三つの画面を使って話さずに済みます。お二人がお互いと会えるのも良いことです。また、今日は本を作るため、会話を録音するという目的もありました。ジャーナリストのカズさん（大野和基）にはまた様々な役割がある。これらの理由であなた方は今ここにおられる。しかしこれらは行動の理由ではありますが、倫理的な理由ではありません。編集者であることに倫理的な理由はないのです。あなたは他の職業を持ってもいい。コックになってもいい。あなた方の行動は倫理とは関係のないことです。

何かをする倫理的な理由とは、人間であるが故に存在する理由のことです。誰かが赤ん坊を階段の上から投げて殺そうとしたとする。そうしたら誰もが「それは非倫理的だ！　やめろ！」と言うでしょう。それはなぜか？　人間として、他の人間にしてはいけないことだからです。相手が誰であってもです。これが倫理です。

命取りになりうるウイルスを拡散してはいけないのは、相手が人間だからです。私がウイルスを拡散しないのは、他の人間にしてはならないことだからです。

つまり倫理とは、文化圏によって異なることのない、普遍的な価値のことです。日本の倫理が中国の倫理と異なってはいけない。日本と中国に相違があるとしたら、それは倫理とは関係のないことです。倫理は人類を結びつけるものなのです。

人類がウイルスから得た教訓

我々のウイルスに対する反応は、ウイルスに人体が脅かされるのを防ぐという意味において、倫理的な働きだと思うのです。人体が脅かされるから倫理的なことを考える。ドイツではパンデミックの最中、多くの倫理的問題が議論されてきました。例えば人種差別、#MeToo、そして環境危機。ウイルスと関わる大問題で、誰も言及したがらないのは環境危機と経済危機です。

今私たちの目前には、史上最大の金融危機が迫っています。世界経済フォーラム刊行の『グレート・リセット』は、金融危機はすべての危機の源だといっています。今回の危機は、金融危機という概念が誕生してから最大の危機で、これまでの危機とは違います。あまりにも大規模で、どれほどの脅威なのか把握することすらできない。これもまたパラドックスです。

この経済危機は確実にやってきます。いや、すでに訪れています。アメリカの失業率上昇は異常ですが、ドイツでも2021年半ばまでには700万人が失業するかもしれないといわれています。あり得ないことではないと思います。そうなれば、私の生年以降で最大の失業者数になります。700万人もの失業者にどう対処すべきか、わかる人はいません。これほどの膨大な失業人口がもたらす影響を理解することすらできません。

しかも事態はさらに悪化するでしょう。ドイツの自動車産業がどの程度生き残れるかわかりません。2022年までルフトハンザ（ドイツの航空会社）が存続できるかもわからないと思っています。生き残ったとしても、縮小しているでしょう。同様の現象が他の産業でも起こるでしょう。

今真剣に議論しなければならないのは、環境危機と経済危機にどう倫理的に対処するかです。環境と経済、この二つが人類が直面している真の危機、最大の危機なのです。

人類はウイルスから教訓を得ました。ウイルスは皮肉にも、倫理的行動こそが問題の解決策であることを教えてくれました。世間では、倫理的に正しい行動をとることは自己の利益にはならないという認識が広まっています。つまり利他的な行動のみが倫理的行動だという考えですが、これは非常に有害な考えで、否定する必要があります。倫理的行動が自分の利益に反するとしたら、なぜ倫理的に行動しなくてはならないのか、と人は考えるでしょう。

この考え方を突き詰めると、経済と倫理は相反するものであるという結論に達しますが、それはマルクス主義的な誤解です。資本主義は本質的に倫理を攻撃し、破壊するものだという誤解です。どうしてそんなことがいえるでしょうか？　資本主義のインフラ、つまり市場インフラを使って、倫理的に正しいこと――例えば失業者を雇用したり、環境保全を行ったり――もできるのです。資本主義のインフラを使って環境を保全するのは、世界経済フォーラムがいう「ネイチャー・ポジティブ[9]」な経済のことです。

倫理的価値と経済的価値はまったく同じである

「ネイチャー・ポジティブ」な経済は実現可能です。経済的価値体系を、倫理的価値体系と一致させればよいのではないでしょうか。私はこれを「善の収益化」と呼んでいます。

善を収益化できるのに、我々はなぜ悪を収益化するのでしょう？　搾取が最高のビジネスモデルだと決めたのは誰でしょう？　搾取モデルはちっとも良いモデルではなく、今崩壊しつつあります。グローバリゼーションのネオリベラリズム（新自由主義[10]）的解釈は、アフリカ、そして過去には中国やインドなどの弱者に対し搾取が行われたことに基づいていました。中国などのかつての弱者は今強くなってきています。中国は、現在も多くの人が思っているほどには強くないと思いますが、以前よりは強くなってきているのは確かです。

今起きていることはすべて、市場経済は労働をアウトソーシング（外部委託）して、人を搾取することによって成立するという間違った考えに基づいています。ドイツの豊かさは外国の工場労働者の搾取の上に成り立っていますが、このやり方は間違っていました。現在ドイツが直面している経済危機は、過去の非倫理的な行動がもたらした結果だといえます。

したがって私は、倫理的価値と経済的価値はまったく同じであると考えることを提唱します。経済的に良いことと倫理的に良いことに大きな違いはありません。悪い経済とは、倫理的価値のあるものと経済的価値のあるものが異なり、儲けるためには人を搾取しなければならないようなシステムです。倫理的に正しい行動を取った結果、お金が儲かるような経済体制を作れれば良いのではないでしょうか？　それは十分可能であり、ぜひ作るべきだと思います。

多くの不道徳な決断をしたスペイン

これがパンデミックから得た最大の教訓です。ドイツは他国と比べて、危機の最中にありながら経済的にはうまくやっている方です。それは倫理的に優れた決断を行ってきたからです。例えばスペインは子供を含むすべての国民を自宅待機させました。国民が公園に行くことすら禁じたわけですが、これは不道徳です。子供たちをアパートの中に閉じ込めるなど許すまじきことです。その結果、何が起きましたか？　経済の破綻《はたん》です。[11] スペインがめちゃくちゃな状態に陥ったのは、パンデミックと闘うためにあまりに多くの不道徳な決断をしたからです。

ドイツは倫理的なモデルを選びました。一部良くない措置もありましたが、概《おおむ》ね倫理的に正しい決断を行ってきたと思います。ドイツのロックダウンは非常に緩やかなものでした。レストランは比較的早く再開しましたし、閉まっている間も森の中をジョギングしたり、スーパーマーケットで買い物することはできました。もちろんマスクはしなければなりませんでしたが、スペインやフランスのロックダウンとは性質が違いました。フランスではジョギングは禁じられました。

ドイツではジョギングも買い物も、森で友達に会うこともできました。生活全体が森に移動したようなもので、人に会いたければ森に行きました。空気は綺麗《きれい》で、ロックダウンの間中素晴らしい天気に恵まれました。ドイツはまるでカリフォルニアのようでした。

日本は経済的には打撃を受けましたが、倫理的に正しい決断を多く行いました。例えば日本の人々は早くからマスクをし、ソーシャル・ディスタンスを保っていました。ウイルスへの反応というより、もともとの生活習慣の一部だったのだと理解していますが。他にも倫理的に正しい決断を行ったので、日本はブラジルなど多くの国が辿った道（感染爆発）は辿らないと思います。

人類の相互尊重に基づいたビジネスモデル

私の仮説が正しいとすると、世界の経済秩序を考え直して人類の相互尊重に基づいたビジネスモデルを構築し、そのモデルに添った有形・無形の財の交換が実現できると思うのです。

私は例えば任天堂がアフリカの貧しい子供たちにゲーム機器を無償で提供するようなビジネスモデルを想像しています。任天堂は素晴らしいビデオゲームを生産していますね。ドイツで任天堂のゲーム機器の価格を数ユーロ、あるいは10ユーロ（約1260円）引き上げたとします。ドイツで得たこの10ユーロの余分の収益を使って、一体何人のアフリカの子供たちに任天堂のゲーム機器を無償で提供できるでしょうか？　こういうことをすれば、任天堂の評判が上がります。世間は「任天堂は良い企業だ、任天堂がこんなに良いことをしていたなんて！」と噂するでしょう。

あるいは任天堂がドイツでゲーム機器の価格を15ユーロ（約1890円）上げたとします。

この余剰の収益を使って、毎年アフリカで40万人の子供を死に至らしめているとされるロタウイルスのワクチンを無料で配布したとします。これだけの資金があれば、多分アフリカでロタウイルスを撲滅することさえできるのではないかと思います。任天堂がこういうことをしていると知ったら、私は直ちに任天堂の商品を買いに走ります。

人間は道徳的な生き物だと思うのです。倫理的進歩を謳《うた》っているテスラ（アメリカの電気自動車の企業）の成功の一因はそこにあると思います。私は、テスラのアピールは口先だけだと思いますが。実はあくどい企業なのに、倫理的な企業を装っている。フェイスブックも同じです。フェイスブックは倫理的進歩、自由、民主主義を標榜し、世界をより良くすると約束した。グーグルも然り。でもそんな意図はさらさらなかったので、約束を果たせていません。

しかし真に倫理的な企業を想像してみてください。ポスト・パンデミックの世界において、それは持続可能なビジネスモデルで、大成功を収めると思います。これは私がウイルスから得た最大の気づきの一つです。

枢軸時代以来の意識革命

自覚していない人もいると思いますが、２０２１年、２０２２年には、人類はすっかり変わっているのではないかと思います。

枢軸時代以来最大の、画期的な意識革命が起こると思うのです。枢軸時代とは何か。およそ３０００年前、人類はグローバルな意識を持つようになり、それがある種の文明をもたらしました。アジアでは仏教が、他ではキリスト教などの一神教やギリシャ哲学が誕生した。これがカール・ヤスパース[12]ら哲学者が導入した枢軸時代という概念です。新時代の幕開けを告げる意識革命です。

その次の画期的な意識の変化は近代に起きました。具体的にはフランス革命によって、民主的な法の支配がそれまでのシステムよりも優れた統治方法だという認識が生まれ、新しい時代に入りました。それ以来我々は民主的な法の支配の実現のために闘ってきたのです。その後全体主義による反動もありましたが、それはさらなる意識の転換にはつながりませんでした。

そして今、三つ目の意識革命が起きていると思っています。それは環境に対する意識の変化です。この意識革命の引き金を引いたのは、ウイルスです。

世界中の人がこのパンデミックの真っ只中にいるという意識を持っています。また同時に、世界が減速しているという不思議な感覚を持っている。突然、何もかもが遅くなったと感じているのです。我々は一方ではウイルスを恐れて未来に不安を感じ、他方では非常にリラックスしている。パンデミックの最中に人が感じていることは、世界共通なのです。

この感覚は自然の自己表現だと思っています。自然はウイルスを通して我々にメッセージを送っている。我々も動物であり、自然の一部であるから、自然は私たちに訴えているのです。立ち止まらなければならないと。私は、ウイルスは地球の免疫反応だと考えています。人間が複雑な生態系をどんどん破壊するので、生態系が反撃しているのです。

自然には生存すること以外に意志はありません。知性的ではありますが複雑な思考はしない。日本では、宗教的に、この考えを受け入れやすいのではないかと思います。仏教や神道は、一神教よりもずっとこの自然観に近いと思います。一神教においては、自然は知性的ではなく、愚鈍なのです。一体なぜそんなことを思うのでしょう？ 自然が愚かであるという考えは非常に新しい。２０００年前まで、人類はそんなことは思っていなかった。その前の20万年間、自然は主体だと考えられていたのです。人間のような意識を持った主体ではなくても、主体だと思われていた。

そして今、自然が主体であるという考えを復活させなければならないと思っています。自然が主体だとすると、人類に共通するこの意識は、自然の意思表示とも受け止められます。人類は今、岐路に立っています。倫理的な行動をとらなければ、現代文明は絶滅します。先住民は生き残ると思いますが。

コロンビアという国が成立する前から現地で暮らしてきたコギ族という先住民の人々と交流があるのですが、彼らはとても面白いのです。人口はコギ族だけで3万人、隣接する民族と合わせると10万人くらいです。この人たちは生き残ると思います。

が、今後１００年間にいわゆる現代文明は滅びるかもしれない。人類の科学技術全体が消滅するかもしれない。我々は現代技術や科学を有するコギ族のように生きるか（つまりコギ族のデジタル版になるか）、絶滅するかという岐路に立っているのです。これが今求められている意識のシフトなのです。多くの人はまだ事態を把握していないかもしれませんが、いずれ気づきます。気づかなければ絶滅するからです。人類は劇的な状況にあるのです。

ネオリベラリズムの終焉

先ほどクラウス・シュワブ他『グレート・リセット』という本について取り上げましたが、驚くべきことに世界経済フォーラムは私とまったく同じことを考えているのです。この本には、ネオリベラリズムが終焉すると書かれています。ビジネス界の非常に高いレベルで、こうした認識があるということです。

ネオリベラリズムの秩序は、グローバリゼーションの一つの解釈です。グローバリゼーションは主権国家の上、つまり法制度の上に流通市場が存在するという考えです。つまりノーベル賞の対象になるようなシカゴ学派[13]やハーバードの行動経済学[14]などの新自由主義経済論に基づいた市場経済のことです。

どうしてこれがネオリベラリズムなのかというと、人間は基本的に利益に関心があり、可能な限りの利益を手に入れようとするのが合理的だという考えだからです。しかし利益とはそもそも何か、この理論では定義されていません。なぜ最大限の金を得る努力をすることだけが利益なのか。当然この理論には、利益イコール経済力の量的増加という前提がありますす。なぜ経済力の増加が人類の行動の動機になるのかわかりませんが、この前提は市場モデル、数学的モデルに組み込まれています。

新自由主義経済論の数学モデルは、１９８９年以降、グローバリゼーションのいわばソフトウェアとなりました。

チリはそれ以前からすでにネオリベラリズムを推進していました。ちょうど昨晩、１９７

０年代の興味深い映画を見たのです。１９７７年から78年にかけて、ドイツで起きた左翼テロについての映画です。このテロの背景には様々な要素がありましたが、その一つはドイツがチリで行ったことにありました。バイエルン州政府はチリのピノチェトを非常に積極的に支持していました。そしてピノチェトは反体制派に対し拷問を行っていた強制収容所で、新自由主義モデルを使って行動データを収集していたのです。ピノチェトの強制収容所は、グーグルの初期バージョンのようなものだったのです。

これを受けて、ドイツでは一部の人間がテロを起こして抗議するしかないと考えた。ネオリベラリズムが台頭する前のこの時代は非常に興味深く、最近また注目しています。レーガンやサッチャーなどの前の時代です。そして１９８９年には、新自由主義経済が冷戦に打ち勝ったと考えられた。そのときはネオリベラリズムが客観的に人類史の正しい解釈のように見えたのです。フランシス・フクヤマ（１９５２－）はこれを「歴史の終わり」と表現しました。

それから30年間、我々は実際歴史が終わったかのように振る舞いました。人類はグローバルな空間で財を交換するようになり、グローバリゼーションは自由と民主主義をもたらすと考えたわけです。しかし世界史を見れば、それが間違いだったことがわかります。各地で戦争が起き、中国やロシアが台頭し、ウイルスが発生した。新自由主義的解釈は間違っていたのです。その上、新自由主義経済がもたらした富は、パンデミックとの闘いですっかりなくなってしまいました。

グローバリゼーションの新自由主義的解釈が環境を破壊し、甚大《じんだい》な被害をもたらしたことを考えれば、新自由主義経済は生み出した富よりも破壊した富の方が大きかったといえます。つまり新自由主義に基づくグローバリゼーションの経済効果はマイナスだったということです。こんな悪い経済モデルに固執するなど考えられません。新しい経済モデルが必要とされています。世界史はネオリベラリズムを否定したのです。

そして、人類はもっと連携する必要があります。連携すれば、グローバリゼーションを実現し、世界規模で意見を交換し、人と人が交流できる。これらはとても大事なことです。ただ、このプロセスの速度を落とす必要はあると思います。なんでも速ければ良いというわけではありません。

先述した、コロンビアの先住民族であるコギ族がロンドンを訪れたときの様子を撮影した、面白いBBCのドキュメンタリーが二つあります。彼らの乗る車がトンネルを通ったとき、彼らは運転手に「なぜトンネルがあるのですか?」と質問しました。イギリス人の運転手は「より速く目的地に着けるからですよ」と答えた。すると彼らは「そんなばかな。マンチェスターに30分早く着くために山を壊すなんて」と言ったのです。30分余計にかかったとしても、山を切り崩すべきではないのかもしれない。できるだけ速く目的地に着くことを効率的と考えるのは間違いではないのか、移動の速度が速すぎるのではないか、と考えさせられます。

グローバリゼーションが必要であることは否定しませんが、グローバリゼーションの捉え方を変える必要があります。私はグローバリゼーション自体を批判しているわけではありません。今起きているグローバリゼーションのあり方に批判的なのです。

4 ポストモダニズムの克服

アメリカ人は、多様性に非常に弱い

普遍的な倫理に基づいて行動するために、人類はもっと連携すべきですが、残念ながら現在、人類は連携が不十分で、多くの分断が生まれています。

私は、「人類には普遍的な倫理的価値がある」と考え、人類の団結を提唱しました。しかしCOVID－19を巡って国際的な団結はほとんど見られません。WHOがパンデミック宣言を行った1ヶ月後の国連安全保障理事会では、アメリカと中国が対立しました。

米中問題にはいくつもの側面がありますが、異なる文化や異なる価値観による分断は、倫理的な問題の解決を生みません。なぜなら「新しい実在論」[14]の観点から見ると、すべての人類は地球という同じ惑星に属しているという、包括的な現実があり、我々は文字通り運命共同体であるからです。中国もアメリカも、倫理的な問題に正しく対処することもあれば、誤

った対処をすることもある。アメリカも中国も、普遍的な倫理的価値にだけ基づいて行動しているわけではないため、対立するのです。

米中がすべきこと、いや人類がすべきことは、交渉です。アメリカ人が抱える問題は、彼らが文化的に異質なものについて無知であることだというのは広く知られています。彼らは自分たちの政治システムが普遍的価値に基づいていると勘違いしている。実際には普遍的価値ではなく、非常にアメリカ的な価値に基づいているのに、少しもわかっていない。アメリカ人にとっては、文化的に異質なものの存在を認識することは非常に難しいのです。彼らは文化的な違いを著しく軽んじています。自分たちの国には文化的多様性があると考えていますが、実際には存在しないのです。

アフリカ系アメリカ人がいることは「文化的多様性」ではありません。彼らはただのアメリカ人です。インド系アメリカ人もただのアメリカ人です。ネイティブ・アメリカンもアメリカ人。アメリカにはアメリカ人しかいないのです。それ以外にいるのは訪問者です。訪問者が少しアクセントの異なる英語を話したとしても、文化的に異質だということには気づかない。気づくのはアクセントの違いだけです。しかし彼らはいろんな英語のアクセントに慣れていますから、やはり本当の意味での「異質なもの」は見えていないのです。

食べ物を例に挙げましょう。アメリカ人はサンフランシスコの和食レストランを「日本のレストラン」と考えているでしょう。でもそれは日本のレストランではありません。中国人やタイ人など、日本人でないシェフがいる。仮にシェフが日本人だったとしても、和食もどきを提供しているに過ぎない。でもアメリカ人は和食レストランがあるから多文化的だと思っているでしょう。メキシコ料理も然りです。アメリカにはメキシコ料理はない。アメリカにあるのはメキシコ料理もどきであって、本物ではありません。このように、アメリカ人は文化的に異質なものを理解していると思っていますが、アメリカには文化的多様性は存在しないのです。彼らは多様性に非常に弱い。

一方、中国人は異なる文化を支配するために、文化的に異質なものを研究することが非常に得意です。彼らは共産主義者なので、異質なものに対する理解を、非倫理的に利用するのです。中国は極めて高いレベルの、大変賢い共産主義独裁なのです。

中国は人種差別的な思想の上に成り立っています。漢民族という概念は非常に人種差別的で、非倫理的な概念です。面白いのは、アメリカ人は自分たちが反差別主義者だと信じていますが、実際には差別主義であり、一方、中国人は明らかに差別主義者であることです。このような二国が接触するとき、激しく対立するわけです。

「新しい実在論」とポストモダニズム

同様に、今のギリシャとトルコの状況を見てみましょう。トルコはイスラム国家の役割を演じていますが、実際にはそうではない。トルコがイスラム国家であるというのはまったくのファンタジーなのに、博物館をモスクに変えたりしている。ギリシャはギリシャで、まったく異なる背景を持っている。今我々が目撃しているのは、普遍的価値が存在するという考えに対する抵抗だと思うのです。すなわち、「新しい実在論」の反対であるポストモダニズムです。

アメリカは完全にポストモダンの国だと思います。政権も、ソーシャルメディアも、テレビのリアリティ番組も、すべてがポストモダンの雰囲気に包まれています。フェイクニュースやオルタナティブ・ファクト、真実なんてどうでも良いという空気、容赦ないアイデンティティ・ポリティクス[17]など、すべてです。こういう国が今中国と対立している。この対立はもちろん経済に影響しますが、今は明らかにアメリカが負けているように見えます。今起きている対立は、アメリカが戦ったことのないレベル、つまり思想のレベルで起きているからです。純粋に経済的な対立ではないのです。

グローバルな「友愛のポリティクス」

では、人類はどのようにしてグローバルな協力体制を築き上げれば良いのでしょうか。

例えば米中関係についていえば、米中以外の国々がグローバルな協力体制を構築し、それがアメリカと中国のパラダイムになれば良いのです。他の国々が協力体制を作らなければ、グローバルな協力が必要だと米中を説得することはできないでしょう。

仮にEUと日本が、アフリカを対等な存在と捉えるアフリカ戦略を作ったとします。アフリカを搾取しようなどと考えず、発展途上国とも考えない。アフリカを人類の一部と捉える。素晴らしいことです。アフリカを対等なパートナーであり友人であると考えると、これまでと違う形の協力関係が生まれるかもしれません。

そうすると直ちに倫理的経済の優位性が試されます。中国がすでにアフリカに進出しているからです。面白い実験になりますよ。EUと日本は、アフリカ諸国に中国よりもずっと良い協力モデルを提示することにより、アフリカにおける中国の影響力を排除できるかもしれません。

このように、私はグローバルな協力の可能性は大いにあると思っています。しかしそれは普遍的な倫理観に根付いた協力でなければなりません。それ以外に国際社会の協調はありえません。

哲学者のデリダ[18]はこれを「友愛のポリティクス」と呼びました。私が提案しているのは、哲学とビジネスと政治の間の友愛も含む、グローバルな「友愛のポリティクス」です。それぞれの世界が互いを貶《おとし》め合うものであってはいけません。

5 統計的世界観による幻想

ドイツのコロナ禍への対策は正しいものだったのか

コロナ禍についての話に戻りましょう。

私は、現時点（2020年8月27日）ではコロナ禍に対するドイツの戦略は、かなり良かったと思っています。欠点もありますが、個人的には概して合理的な対応だったと感心しています。ドイツのロックダウンは緩く、比較的速やかにビジネスが再開されました。ドイツの対策はかなり効果的だったといえましょう。

ですが問題もあります。ナショナリズムが台頭し、イデオロギーが重視されるようになり、民主主義を蝕《むしば》む動きが出てきていることです。

例えばコロナウイルスに関するデモです。日本で報道されているかどうかわかりませんが、ドイツではかなり大勢の人がマスクの着用に反対しています。必ずしもマスクを着けたくないと言っているわけではなく、着用を強制する法律に反対しているのです。そしてこのようなデモに参加している人の中には、陰謀論者や過激派右翼など、私がその考えについていけない人もいます。彼らは理解しがたい主張を叫ぶだけではなく、いざこざを起こしています。民主主義社会で、マスクを着用すべきか否かについて議論するのは大いに結構なのですが。

マスクを必ず着用すべきだという私の考え方は、社会の大多数の考えではありませんし、非常に独特で「少数派の意見」とさえいえないかもしれません。たくさんの取材依頼があるのでほぼ毎日のように取材を受けていますが、大勢の方が私のインタビューを見たり、本を読んでくださるのは、私が今世の中で起きていることについて独特の視点を提供しているからだと思います。

私の視点は、必ずしも批判的な視点ではありません。批判的な視点は、正しいことと正しくないことを区別しますが、ドイツでは自国の戦略を最高の戦略だとして称えるか、逆に最低の戦略だと貶めるかのどちらかがほとんどです。実際には最高の戦略でも最低の戦略でもありません。平凡な戦略です。しかし平凡な戦略は、両極端を避けるという意味で最善の戦略である場合もあると思っています。

倫理的観点から見て重要なのは、コラテラル・ダメージ（巻き添え被害）です。ロックダウン、マスク、ビジネスの閉鎖などの措置をとった際に、どれだけの巻き添え被害が出るのか。これらの措置によって得るものは何で、失うものは何か。これこそがまさにドイツの議論の弱点なのです。今ドイツで公《おおやけ》に巻き添え被害の重要性を指摘しているのは、私の他に二人くらいしかいないと思います。これがドイツの弱みです。

今議論しなければならないのは、巻き添え被害についてです。倫理的観点から比較すべきなのは、ウイルス対策をとらなかった場合に亡くなったであろう人の数と、対策をとった上で実際に亡くなった人の数です。

また、経済のことを考えるのは悪いことではありません。ドイツでは経済の心配をするのは非倫理的だと考える人がたくさんいます。しかし資金がなく、病院もなかったら、どうするのでしょう？　病院がなければみんな死にます。資金も病院も当然必要なのです。つまり経済に与える打撃が大きすぎる措置は非倫理的だということになります。そのため各措置が経済に与える影響を調べるべきなのに、データがない。

データがあったなら、これまでの措置は間違っていたことが証明されるのかもしれません。数字を見れば、これまでの措置は利益よりも大きな害をもたらしたことがわかるのではないかと。

さらに、ウイルス対策が社会にどんな長期的影響を与えたか、という点も考慮すべきです。先ほど申し上げたように、人々の意識が変わりました。もしも人類が行動を変えることで、より持続可能な経済が実現したとすると、結果的にはそれをウイルス対策の成果として捉えることもできます。とにかく複雑な統計情報をできるだけ早く入手して、今後とるべき方向を議論する必要があります。

ドイツの「AHA」戦略

これまでの対策がすべて間違っていたという可能性も、検討する価値があります。倫理的には、マスクを着用すること以外に適切な対策は何もなかったとします。もしそうだとすると、ドイツが実施しようとしている「AHA」戦略が正しい戦略ということになります。

AHAはドイツ語で距離、衛生、マスクを指します。ドイツ語で距離は「abstand」です。そしてドイツ語で「aha」というのは、何かを発見した瞬間に上げる声、「そうか、わかった！」という意味の言葉なのです。AHA戦略という名称は秀逸だと思います。そして私も、これが正しい戦略だと思っています。

ＡＨＡ戦略は基本的に日本がこれまでにやってきたことと同じだと思います。距離、衛生、マスク。ただそれだけです。もちろん病院の人工呼吸器の数を増やしたり、集中治療体制を改善する必要はありますが。日本は病床の数でも他国の上をいっているとどこかで読んだ気がしますが、定かではありません[19]。いずれにしても、少なくはない。大きな会合もあまり開かれていないと聞いています。ということは、経済のために次に考えなければならないことは、一体何人までの会合なら安全に開催できるかということです。

また、ＦＦＰマスク[20]のように安全だが、もっと着け心地の良い新型のマスクを開発する必要があります。このようなマスクがあれば大きな会議も再開できます。マスクはウイルス対策として非常に効果的のようです。つまり、とるべき対策は、良いマスクを用いたＡＨＡ戦略だけかもしれません。非常に効率の良い、低コストの対策です。

統計的世界観の最悪のバージョン

現在、科学者やウイルス学の専門家のＣＯＶＩＤ－19に関する見解が各国の政治的決断に大きく影響していますが、これは極めて危険な傾向だと思います。

人間の倫理と福利にとって、統計的世界観は最大の脅威の一つだと思います。近代史を見ると、まず物理学が宇宙は決定論的だから人類は自由でないといいました。しかしこれは量子力学などによって否定されました。次に神経科学が出てきて、脳が人間のすべてだといいました。これも否定されました。そんな説は論外です。そして第三に、人工知能（ＡＩ）が出現しました。最近まで、人工知能のせいで人類は自由でないと考えられていました。ＡＩの方が優れている、人類より賢い云々《うんぬん》、といわれてきました。

そして今、統計的世界観の最悪のバージョンが出現しました。ウイルス学者が政治家になってしまったのです。

この何が危険かというと、こういうことです。歯科医に「チョコレートを食べるべきでしょうか？」と聞いたとします。すると歯科医は立場上、「チョコレートは決して食べるべきではない」と言うでしょう。肝臓専門医に「酒は飲むべきでしょうか？」と聞けば、彼はその観点から「絶対に飲むべきでない」と言うでしょう。肝臓専門医を日本の首相にして、政策を決定してもらうでしょうか？　そんなことをしたら酒文化がなくなりますから、しないでしょう。歯科医はチョコレート工場に勧めるべきでしょうか？　そんなことをしたら工場が閉鎖されますから、勧めるべきではないでしょう。

同様に、ウイルス学者に「どうやってウイルスと闘うべきでしょうか？」と聞いたら、

「家に籠《こ》もって決して誰にも会わず、セックスもするな」と言うでしょう。ウイルス学者の言うことを聞いていたら、人類は絶滅します。ですから彼らの言うことを聞くべきではないのです。

とはいえ、ウイルス学者は意思決定に不可欠な情報を持っています。それはウイルスに関する情報です。私は専門家ではないのでウイルスについては知りません。しかしウイルス学者はどんな政策をとればよいのかはまったくわからないのです。

ドイツの情勢から考えるに、ウイルス学者は歴史上、最悪の知識人なのです。物理学者もダメでしたが。スティーブン・ホーキングは物理学者としては優れていたかもしれませんが、やはり知識人としては悲惨でした。同様にリチャード・ドーキンスは優れた生物学者かもしれませんが、やはり知識人としてはダメです。

しかし私が知る限り最悪の知識人はウイルス学者です。社会的思想家としてはまったくダメなのです。研究対象がウイルスという、知能のないものだからです。動物や植物を研究している生物学者の方が、知識人としてまだましかもしれません。

ですから疫病学者の統計モデルはひどいと思っています。彼らが作ったコンピューターモデルの前提を見ると、どこから批判したらいいのかわからないくらいです。それなのに、このモデルが地球全体の経済や人間の行動を決定しているのです。なぜこんな事態になったのでしょう？　すでに申し上げたように、ウイルスと闘うためにはウイルス学の知識は必要ですが、ウイルス学者に戦略を立ててもらうべきではないのです。依頼する相手の専門分野を間違えています。

統計上重視すべきデータとは

統計の数字の取り扱いには注意が必要です。私は常に死者数が一番大事だと思ってきました。ドイツの死者数は一貫して低く、過去7－8週間、一日に15人以下のレベルを維持しています（2020年8月27日現在）。ちっとも増えていません。判明している感染者の数は増えましたが、それは感染が拡大しているという意味かもしれませんし、検査数が増えたということかもしれません。どちらなのかはわかりません。ドイツではこの二日間、感染者数が増加したのは単に検査数が増えたからなのかという点について議論が行われました。答えは誰にもわかりませんが、死者数が増えていないことははっきりしています。

考えうる一つの説明は、今は若い人の感染が増えているということです。しかしどんな説明があるにせよ、重要なのは死者数とＩＣＵの病床数だけだと思っています。そしてこの二つのうち、より重要なのは死者数です。人に死んで欲しくないからです。死者数を元にとるべき対策を決めるならば、それ以外のデータはいりません。そして現在死者数が低いことを考えれば、抜本的な対策を検討する必要はないのです。

感染率などどうでも良いではないですか？　私が感染したとして、無症状ならば、ただで免疫を高めているわけで、結構なことです。友人のウイルス学者は、集団免疫を達成するために、感染者を増やすべきだと言っています。死亡率が低いので、もっと感染者を増やした方が良いと。

集団免疫に到達できれば一番良いのは確かでしょう。ワクチンが普及される前に、低い死者数を保ったまま、集団免疫を達成できたとします。素晴らしいではないですか。無料で免疫を得られれば最高です。しかし集団免疫は実際に達成できるかどうかはわかりませんから、最善の戦略ではないかもしれない。いずれにしても、集団免疫は重要です。ワクチンがあったとしても。

もともとワクチンの目的は集団免疫を促進することなのです。ウイルスを絶滅させられるなんて誰も真面目には考えてはいません。ワクチンが開発されるか、自然に到達するかにかかわらず、集団免疫は絶対に必要なわけです。そもそもワクチンが集団免疫を目指すものだということを忘れている人もいますね。つまり集団免疫が唯一の戦略なのです。それ以外の戦略などあり得ないでしょう？　道をきれいにしたからといって、ウイルスがなくなるわけではありません。しかし多くの人はまるで道をきれいにすればウイルスがなくなるとでも考えているかのようです。

統計は、行動経済学の「ナッジ」を行うためのツール

現在、メディアは毎日感染者数を発表しています。ジャーナリストはデータの専門家ではないので、メディアが数字を報道するのはそもそも間違っていると思います。メディアは何を報道しているのかわかっておらず、大衆もどんな情報を与えられているのかわかっていない。世間に向けて、勝手な解釈をされた数字、不確実で一般人にとって意味のない数字を報道するのは誤解を招くだけです。一見良いことのように見えるかもしれませんが、人にわけのわからない数字を与えることは大きな間違いだと思います。

例えば安全運転を奨励しようとして、毎晩交通事故の数や、事故が起きる原因の物理学的な説明、加速や道路の状態に関する量子力学の表を発表したとします。そんな情報を与えて何になりますか？　一般人には量子力学の表など理解できません。そんな情報には興味もな

ければ、必要もないのです。

刻々と変わる統計を見せるのは間違いです。人々を怖がらせるだけでしょう。不安定な状況に置かれているのですから、一般の人はむしろ知りたくないと思っている。したがって、数字の報道はただちにやめた方がいい。大体そんな数字がなぜ必要なのでしょう? 癌《がん》患者の数は報道しますか?

毎晩テレビが「今日は肺癌で78人が亡くなりました、昨日は84人が亡くなりました」と報道したとします。「日本における肺癌患者の数は非常に低い、我が国には素晴らしい肺癌対策があります」と宣伝するのは馬鹿げているでしょう。

しかし今我々がやっているのはそういうことです。まるで悪い冗談です。誰がこんなことを思いついたのかわかりませんが、これは人間の病理です。

何かを決定する際には数字が必要ですが、数字だけを頼りにするのは間違いです。数字は一つの情報に過ぎません。

なぜ数字だけに頼るべきでないかを説明しましょう。例えばお腹が空いているときに、ウィスコンシン州の和食レストランと、東京の素晴らしい和食のお店の食事のどちらかを選べたとします。メニューは、ウィスコンシンのレストランでお好みの寿司5貫か、東京のお店の3貫のいずれかだとします。選ぶとすれば東京のお店ですよね？　大事なのは量よりも質だからです。

ウイルスに話を戻しますと、問題は何人が感染したかではなく、どのくらい重い症状が出るかなのです。しかし症状の重さは測りません。発熱のデータはないのです。例えば、今日本ではＣＯＶＩＤ－19により高熱を出している人は何人いますか？　誰にもわかりません。なぜ発熱率を調べないのでしょう？

ですから、ただ数字を出せば良いというわけではなく、どの数字を選ぶかが問題なのです。しかし世間は公表される数字がどのように選ばれているかは知らされません。適当な数字を見せられているだけなのです。

今統計は、世間の行動を操作するため、つまり行動経済学でいう「ナッジ（nudge）[21]」を行うためのツールとして使われているのではないかと思います。可能性としては、「ナッジ」か、悪意のある行動操作か、単なる愚行か、それらの三つのうちどれかです。

コロナの危機は、統計的世界観による幻想

我々は数字、統計を見るのに慣れすぎてしまっているのです。

GDPは典型的な例です。ドイツは不安を覚えている。ドイツの2018年のGDP成長率はわずか1・5%です（日本は0・8%のようですが）。でもドイツ人はドイツに住んでいることに感謝すべきです。GDP成長率6・6%といわれている、中国より遥かに進歩しているのですから。

GDPの成長率など関係ないのです。街がきれいかどうか、自由な社会かどうか、食べ物の質、空気の質、そういったことが重要なのです。GDPなんてどうでも良い。しかし世間はGDPのことしか考えない。中国が強くなっている、どうしよう、と。

中国に行かれたことはありますか？　北京では大気汚染がひどく、さらに中国は悲惨な共産党独裁体制下にあります。

しかしGDP成長率を見てみんなが思い描くのは、中国が猛烈な勢いで進展している光景です。これも不自然な統計がなせるわざです。ところが中国人はマルクス主義者なのでよくわかっています。量と質には関係があることを[22]。問題は質であって数字ではありません。

同様に、今日撃している〔ママ〕この危機は、統計的世界観による幻想といえます。

ウイルスはもちろん存在しますし、危険です。そして当然私はCOVID-19に感染して、発症したくないと思っています。これらは事実です。しかし社会一般の行動と事実解釈は、誤った世界観に基づいています。これで良いはずがありません。悪いモデルがもたらす結果は悪いのです。そして今我々はまさにこのことを目の当たりにしているのです。

だからこそ私は質的・倫理的経験や感情に焦点を当てて、ウイルスに対する見方を変えようとしているのです。例えば感情は量で表せるものではありません。ただ湧き上がってくるもので、測ることはできません。このような視点に立つと、ウイルスが違って見えてきます。

ビジネスにおける、統計的モデルから質的モデルへの転換

ビジネスについてはどうでしょう。出版業を例に取りましょう。

出版業も統計に動かされていることが多いですね。あるテーマについて本が出版される確率はどのくらいか、何冊売れるか、何人に支払いが必要かといった数字を検討するのです。しかし肝心なことは、良い本を作ることです。

たまに、ある本が予想外に売れて驚くこともあるでしょう。これまでのデータが示すことに反して売れることが。それはなぜかというと、人間は良い本が読みたいからなのです。単純に良い本が売れることもあるのです。しかし出版界ではこのことを忘れる傾向がありま

す。売れる本を出版したいから統計を見る。そんなことをせずに、ただ良い本を売れば良いのではないでしょうか？

そのためには出版社も変わらなければなりません。これまでに私は本をきちんと読む出版社とは良い仕事をしてきた経験があります。読者をもっと雇用してはどうでしょうか。例えばある出版社が１００人の読者を雇ったとします。彼らの仕事は本を読むこと、ただそれだけです。

この１００人はあらゆる社会階層、教育レベルの人たちから選びます。先ほどのウイルスに関する専門家会議と同じように、この人たちは出版社の居心地の良い部屋に籠もって、一日中いろんな本を読みます。こうして良い本を見つけ出してもらうのです。彼らは書店で好きな本を買ってきて、ひたすら読書する。出版社は彼らに自由を与えるだけで良いのです。

読者に任せれば、たくさんの本が売れるようになると思いますよ。とても良いビジネスモデルでしょう。統計はいりません。読者にお金を払うだけでいい。誰かが出版社を訪れたとき、読書室を見せてあげたらどうでしょう。そこで、１００人でなくても良い、例えば20人の人が一日8時間読書しているのです。会社は美味しいお弁当を用意するだけで、それ以外は何もしなくて良いのです。この人たちはただひたすら静かに読書する。

そして月に一度、あるいは1週間に一度報告会を開いて、これらの読者たちに批評家のように本を推薦してもらうのです。これは統計的モデルとはまったく異なる質的モデルであり、このような変化を私は想定しています。すべてとはいいませんが、多くの統計的戦略は質的戦略に置き換えることができます。数字と洞察力の両方が必要なのです。数字だけに頼っていたのでは、人類は滅びます。

政治家が正しい判断を下すためには、何が必要か

政治家はこのような危機において、どうすれば正しい決断ができるのでしょうか。それには、複数の分野にまたがった専門家の集団が必要でしょう。哲学者、社会学者、それから国境や国際問題について議論する以上、様々な文化的分野の専門家も必要でしょう。

またドイツを例に挙げましょう。ドイツでスペインについて議論するとします。するとスペインをよく知る専門家が必要になります。ロマンス言語の専門家も必要です。日本の場合は、中国研究家が必要になるかもしれません。日本を理解する上で、中国の専門家は重要です。あるいは国民の宗教について理解するため、仏教の専門家も必要かもしれません。

哲学、社会科学、人文学、医学、物理学、数学などの専門家だけでなく、実践者が絶対に

必要です。COVID‐19の患者を直に診ている医師など、第一線で働いている人たちは現場の状況を把握しているので不可欠です。このように30名ほどから成る専門家集団がいて、政府がある。このような体制が望ましいといえます。

この30人を、例えば半年間、大学や病院などから連れ出して、良いホテルに缶詰にする。そこで何をするかというと、ニュースやデータを分析し、お互いに話し合うのです。そして毎日議論した内容を政府にブリーフィングする。政府はデータも見る。そしてこれらの情報を元に決定を下します。専門家委員会が政策を決めるわけではありません。委員会の役割はあくまでも議論することです。今私たちがしているように、あらゆる専門分野の観点から議論するわけです。

各分野の専門家は、互いに敬意を持って接しなければなりません。それぞれが知識を共有し、みんながそれについて議論する。哲学者は議論を管理します。例えば私がモデレーターになって、あなたがおっしゃっていることはこういうことですね、あなたとこの方の意見の中間点はこういうことですね、と整理します。その場にはもう一人哲学者がいて、「それはちょっと違う」と言ってまた議論する。こうして異なる意見をすり合わせていくのです。

一日の終わりには政府関係者がやってくるので、委員会はスライド3枚くらいのプレゼンテーションを用意して、「本日の議論の成果」をブリーフィングします。専門家には何らかの報酬を与えても良いでしょう。それは名誉でも良いし、お金でも良い。ホテルに家族と一緒に数ヶ月間滞在して、議論する。この危機に必要なのはこういうことです。

ウイルス学者もこの専門家委員会に参加すべきですが、彼らに与えられた役割は最も小さいものです。ウイルス学者は医学的知識を提供しますが、政策提案は行いません。彼らは必要な情報を提供した後は黙っているのです。「こういうことをしたら感染する確率は何%ですか」といった医学的質問があった場合、「30%です」などと答えますが、その後は静かにしているのです。

ウイルス学者は哲学的な質問や政治的な質問には決して答えません。彼らは医学の専門家であって、政策提案を行うためにその場にいるのではありません。学校を閉鎖すべきか否かについて、ウイルス学者は正しい判断はできません。彼らは学校の専門家ではないのです。

日本は科学技術を最重視するので、今は完全な「virocracy」[23]であることは容易に想像がつきます。日本は統計的世界観に陥りやすいのですが、それは日本経済にとって深刻な脅威です。

ウイルス学者というのは、最近出会って初めてわかったのですが、なぜか自尊心過剰なのですね。驚くべきことです。ウイルス学者に権力を与えてはいけません。おそらく日本ではしょっちゅうやっているのではないかと想像しますが、テレビでウイルス学者に話を聞くのはやめなければなりません。首相や厚生（労働）大臣がウイルス学者と会談し、ウイルス学者がこうすべきだ、ああすべきだと主張するようなことがあってはいけません。必要なのは厚生（労働）大臣だけで、ウイルス学者はいりません。

6

コロナ後のビジョン

すべての人間が先住民族のように生きる社会

この危機を経た後のビジョンとして、私は環境への配慮が行き届いた、技術的に進んだ世界を思い描いています。そこではもっとゆったりしたスピードでグローバリゼーションが起き、人々が敬意と感謝の念を持って生きています。「ありがとう」という言葉が頻繁に交わされ、誰もが生きていることに感謝し、人との出会いや食べ物に感謝し、知的な生命が宿るこの地球に住んでいることに感謝しています。

地球以外に知的生命が宿る惑星が存在したとしても、とてつもなく遠く離れているので、宇宙人への関心はなくなります。人類は地球以外に良い人生を送れるような場所は他にはないと割り切って、地球に意識を集中します。地球が宇宙で最高かつ唯一の住処なのです。

このような考えを中心に、すべてを立て直すとします。私の思い描く世界では、すべての人間が先住民族のように生きています。実際、すべての人間が先住民なのです。日本人も先住民であり、私も先住民です。私の家族はドイツのこの地域に何百年も住んでいます。もしかしたらルーツはローマ時代にまで遡るかもしれません。そのくらい私の家族はここに根ざしているのです。ドイツ人、いわゆるゲルマン民族は、先住民族なのです。

ドイツは２０００年くらい前に植民地化され、ローマ人の文化を押しつけられましたが、それ以前にすでに何千年もの間、先住民族としての歴史を育んでいたのです。ですからドイツ人をドイツ先住民と呼ぶとします。すると、日本人も日本の先住民ということになります。

こうしてすべての人間を先住民族と考えます。先住民の中には、他の土地に移動した人もいます。移民です。人の移動もまた自然現象です。先住民である我々が、近代以前の自然観に回帰し、それに近代知識を組み合わせたとします。そうすれば非常に進んだ哲学と経済が生まれるのではないでしょうか。現代の哲学に根ざした前近代的自然観を想像してみてください。

例えば和食について考えてみましょう。和食は持続可能な料理です。まあ漁業は持続可能ではないかもしれませんが、全体的に見ると和食は昔から非常に健康的で持続可能なのです。何百年もの間、先住民が培《つちか》った自然に関する知識――何をどこに植えるか、どうやって育てるかという知識――に根ざした文化です。私が日本で食べた様々な野菜には、西洋の言語には名前のないものがたくさんありました。それは日本の自然の中で何百年にもわたって栽培されてきたものだからです。

日本の自然は非常に複雑です。地震もありますし、島国でもあり、気候も特殊です。しかし日本のマジョリティである先住民は、まさに技術と先住民の知恵を組み合わせて、生きてきたわけです。

しかし今の日本は、他の多くの場所と同じように非常にアメリカナイズされてきたという問題があります。日本のアメリカ化は止めなければなりません。しかし、ネイティブ・アメリカンも新アメリカ人もどちらも先住民であると考えると、彼らから学ぶべきこともありますす。ですからアメリカ化を止めるといっても彼らと対立するのではなく、互いに学び合うべきだと考えています。

これが私の思い描く世界です。それは感謝の気持ちに溢れた、「ネイチャー・ポジティブ」な経済体制が、人に倫理的、哲学的洞察をもたらす世界です。消費者ではなく、洞察が主導する社会です。

私は文化や科学、人間性や食など、あらゆる物事の本質に関する知識を消費するのが大好きですから、洞察が私の一番好きな消費物だといえます。このような消費主義の方が遥かに良いでしょう。新しい鞄《かばん》を手に入れるためだけに鞄を買いたいとは思いません。鞄はそんなに面白い物ではありません。しかし新しい洞察を得るのは面白い。

人々が倫理的に行動できる「ジットリッヒカイト」の社会

人々が倫理的に行動できる社会の条件は何でしょうか。人が非倫理的な行動をとる原因は、恐怖であることが多いのです。例えば、ビジネス界で非倫理的なことをするのは、競争相手に負けることや、収入を失うことを恐れるからです。誰しも自分や家族を守りたいのです。それは正当な願望であり、尊重されるべきです。

しかし、そもそも家族の生命を失う恐れがあってはならないのです。生命に対する権利は基本的人権です。

日本のNHK出版が刊行した『マルクス・ガブリエル　欲望の時代を哲学するⅡ』（丸山俊一・NHK「欲望の時代の哲学」制作班著）の中で、私は「ヘーゲルが『人倫』Sittlichkeit＝ジットリッヒカイトと呼んだ倫理的な社会が必要です。ジットリッヒカイトは市民社会ではありません。ジットリッヒカイトは、人生の意味をより多く引き出す意思決定プロセスを重視する倫理的な社会です」と述べ、そのためには「あらゆる人が、貧困のラインを越える基本となる最低限の所得を得る必要」があり、「完全な持続可能性」が求められるといいました。

すべての人が、無所得になる心配をしなくて済む社会を想像してみてください。人生でどんなことが起きても、誰もが一定の生活水準を保てる社会です。最低限の所得が保障されれば、裕福ではなくとも、そこそこのワインを買ったり、子供たちと外食する程度のことはできます。そしてたとえ働かなくとも、まずまずの住居を持てます。

試算してみたのですが、ドイツにいるすべての人間が、あるいはすべての国民が、子供を含めて一人当たり毎月1500ユーロ（約18万9000円）もらえたとします。4人家族ならばそれだけで6000ユーロ（約75万6000円）です。これだけの基本所得があって、その上に仕事をすれば、ドイツでは上流階級に近い暮らしができます。こんなに基本所得があるのなら、仕事をしたくないと思う人もいるかもしれません。仕事をしなければ中産階級です。つまり私が提唱するモデルでは、最低所得保障政策によって、最低の階級が中産階級になるのです。このような基盤の上に経済を築くのです。

たとえ最低所得が保障されたとしても、私は創造的なことをして、コミュニティに参加し続けたいと思います。おそらくほとんどの人が同じように考えるでしょう。このような社会では倫理観がとても重要になります。

持続可能な資本主義

例えば、美味しいステーキが食べたいとします。持続可能な方法で飼育された牛の肉で作ったステーキが食べたいとする。牛たちは幸せな人生を送り、倫理的な方法で屠殺《とさつ》され、死ぬときも苦しまない。そういう肉が食べたいとします。

私が今計画している社会には労働局のようなところがあって、そこに「今後数年間に持続可能な牧場を作りたい」と伝えたとします。すると労働局は銀行からの融資を斡旋《あっせん》してくれ、私の企画に関心を持った投資家と引き合わせてくれます。私はこうして得た資金で牧場を作ります。

今私が夢見ているのは、哲学トレーニングのためのセミナールームを併設したホテルの建設です。もし最低所得が保障されたら、貧困に陥る心配がないので、今すぐにでもこのホテルを建てるでしょう。本は書き続けますし、哲学も続けますが、最低所得が得られるのであればホテル業にも挑戦します。

それでは、希望する人は少ないけれど、社会に必要な仕事はどうなるのかと疑問に思われるかもしれません。そのような仕事はできるだけ自動化を進め、その上で市民による奉仕活動でカバーする必要があります。

市民が奉仕活動をした月には給与が支払われます。私は喜んでやりますよ。そうすれば、人に不当な低賃金でこのような仕事をさせる必要もありません。

場合によっては、誰もがこの「奉仕活動月間」を嫌がるかもしれません。「ああ、今月は奉仕活動の月だ」とがっかりするかもしれない。しかし逆に奉仕活動をするとみんなが優しくしてくれるので、楽しい一ヶ月になることも考えられます。奉仕活動をしている人に対し、通りすがりの人が「やあ、ありがとう」と声をかけたとします。そうすれば互いに感謝し合う文化が生まれます。

このような理想的な社会システムは実現可能だと思います。すべての人になぜこのようなシステムが必要なのかを説明すれば、きっと納得するはずです。

このようなシステムを望まない人がいるとしたら、考えられる唯一の理由は、その人が非倫理的だということです。私の構想は明らかに正しい解決法なのです。それは共産主義じゃないかと言う人もいるかもしれませんが、違います。これは環境に優しく、持続可能な、完全な資本主義です。市場は今と同じように機能しますが、ヘリコプターマネー[24]のようなツールを利用する点だけが異なるのです。

【注】

1　**ペーター・スローターダイク**（1947－）　ドイツの哲学者。テレビ司会者としても活躍。20世紀末に嘲笑的なシニシズムが蔓延していると説く『シニカル理性批判』でデビューし、注目を浴びた。

2　**ハインスベルク調査**　2020年春、コロナウイルスのホットスポットであったドイツのノルトライン＝ヴェストファーレン州ハインスベルク郡で、ボン大学のヘンドリック・シュトレーク教授らが実施した調査。

3　**生活世界**　エトムント・フッサール（1859－1938）がつくった概念で、科学によって客観的に理解される世界に先立つ、我々が日常的に存在している世界のことを指す。フッサールは生活世界を「諸科学の成立基盤」と考えた。

4　**マウリツィオ・フェラーリス**（1956－）　イタリアの哲学者。マルクス・ガブリエル氏と同じく、「新実在論」の中心的人物の一人。主著に『新実在論宣言』（未邦訳）など。

5　**例外状態**　カール・シュミットらが言及した国家の非常事態（Ausnahme）のこと。

6　**カール・シュミット**（1888－1985）　ドイツの思想家、法学者。議会制民主主義を批判し、一時期はナチ法学界の中心的存在となったがのちに国家社会主義を批判して失脚。1950年代以降は国際法を研究。主著に『政治的なものの概念』など。

7　**ジョルジョ・アガンベン**（1942－）　イタリアの哲学者。『ホモ・サケル』『到来する共同体』

などで主権と共同体の構造を研究。

8 **『暗黒の時代における倫理的進歩』** Moralischer Fortschritt in dunklen Zeiten : Universale Werte für das 21.Jahrhundert（2020年にドイツで出版）

9 **ネイチャー・ポジティブ** 世界経済フォーラムは2020年に発表した報告書「自然とビジネスの未来」で、自然を優先する「ネイチャー・ポジティブ（nature-positive）」なビジネスによって、2030年までに3億9500万人の雇用を創出し、年間10・1兆ドルのビジネスチャンスが見込めると述べている。

10 **ネオリベラリズム（新自由主義）** 市場原理主義を重視し、規制緩和や行政の民営化を推進することで経済成長を目指す思想。

11 2020年の経済成長率は、スペインはマイナス11・2%の見込み、ドイツはマイナス5・0%（2021年2月16日現在）。

12 **カール・ヤスパース**（1883－1969） ドイツの哲学者、精神科医。実存主義の創唱者の一人。主著に『精神病理学総論』『哲学』など。

13 **シカゴ学派** シカゴ大学に在籍したフリードリヒ・ハイエク（1899－1992）、ミルトン・フリードマン（1912－2006）を中心として生まれた経済学派。経済的自由主義の立場に立ち、政府の経済政策は通貨供給量の調節によってのみ行われるべきで、それ以外の政府による経済政策は望ましくないとする。

14　**行動経済学**　人間の直感や心理的側面に即した分析を行う経済学。人間の必ずしも合理的とはいえない経済行動に着目した。代表的な学者にダニエル・カーネマン（1934－）など。

15　**アウグスト・ピノチェト**（1915－2006）チリの軍人、独裁者。1973年クーデターを起こし、翌年大統領に就任、以降1990年に大統領を辞任するまで独裁体制を敷く。

16　**新しい実在論**　ガブリエル氏が提唱する「新しい実在論（new realism）」は二つのテーゼから成り立っている。一つ目は、「あらゆる物事を包摂するような単一の現実は存在しない」すなわち「世界は存在しない」という主張である。現実は「意味の場」と呼ばれる場所に現れる。「意味の場」は複数あり、それぞれ領域は違えど、すべてが同等に現実となる。例えば様々な数字やフェルミ粒子、ボース粒子、テレビゲーム、日本文化、これらはそれぞれの意味の場に現れる。複数の現実があるということだ。ただ、「これらすべてを包摂する現実」というものは存在しない。第二のテーゼは「私たちは現実をそのまま知ることができる」という主張である。

17　**アイデンティティ・ポリティクス**　人種、宗教、民族、性的指向、ジェンダー、障害などのアイデンティティに基づく集団の利益を代弁して行う政治的主張、行動のこと。

18　**ジャック・デリダ**（1930－2004）フランスの哲学者。ポスト構造主義の思想家。西洋哲学のロゴス中心主義と結びついた音声中心主義の克服を目指し、「脱構築」を唱えた。著書に『エクリチュールと差異』など。

19　2017年時点で、日本の人口1000人当たり病床数は13・1と、先進各国（OECD加盟国）

平均の4・7を大幅に上回る。ただし、ICU（集中治療室）ならびにICUに準じる機能を持つ病床の数は人口10万人当たり13・5床（2020年の厚生労働省資料より）とそれほど多くはない。

20 **FFPマスク**　FFP2マスクは微粒子ろ過率94%以上の中性能マスク、FFP3マスクは微粒子ろ過率99%以上の高性能マスクを指す。

21 **ナッジ**　「肘で軽くつつく」といった意味。金銭的な働きかけに頼らず、選択の余地を残しながら、人々がより望ましい行動を選ぶことを手助けする手法。ノーベル経済学賞を受賞したシカゴ大学のリチャード・セイラー（1945－）らが発案したもの。ここでは、「人々の行動を誘導する」という意味で使用されている。

22 マルクス主義の「量的変化から質的変化への転化の法則」（弁証法の基本原則の一つ）に言及している。「事物が根本的な変化を遂げる場合、先ず量的な変化が起こり、量的変化がある段階に達すると、質的変化に転化するという過程を辿る。漸次的《ぜんじてき》な変化が中断されて、飛躍が生じる」というもの。

23 **virocracy**　ガブリエル氏の造語で、ウイルス学者による統治のこと（官僚制度を意味するbureaucracyとかけている）。

24 **ヘリコプターマネー**　中央銀行あるいは政府が、対価を取らずに大量の貨幣を市中に供給する政策。

Column

哲学者と現代のつながり……1

ホッブズ――「自然状態」は存在するのか

トマス・ホッブズは法の基盤は暴力だと考えました。彼はいかなる国家も、先住民族文化の抹殺によって成り立つものと考え、アメリカにおけるイギリスの帝国主義を擁護しました。これが彼のテーマなのです。ホッブズの有名な自然状態[25]の概念は、ネイティブ・アメリカンを念頭に置いたものであったことは明らかです。

しかしこの考えにはパラドックスがあります。最初の社会契約はどうやって成立したのでしょうか？　人類の歴史に契約などなかったと考える人もいます。最初の契約は、「これから契約する」という内容の契約ではあり得ません。それは普通の契約です。ではどうやって最初の契約をするのでしょう？　答えは、契約でないものを通してです。契約を生み出すものは契約であってはならないのです。

ホッブズにとって、契約の反対は暴力でした。契約は行動を規制するので、契約がなければカオスが生じます。それが彼の世界観でした。自然状態にある人間にはカオスと暴力しかなく、社会契約が秩序を生み出すと考えたのです。しかし契約も暴力の一形態なのです。最初の契約は暴力に対する暴力だからです。だからホッブズにとっては、すべての国家権力は暴力的なのです。

マックス・ウェーバー（1864－1920）は国家が正当な物理的暴力の行使を独占していると言いましたが、我々が今もそう考えているとしたら、ホッブズの国家の概念をいまだに持ち続けていることになります。ホッブズ主義を乗り越えるには、人類・先住民族は無秩序でも暴力的でもないということを理解しなければなりません。先住民族も我々とまったく同じ人間なのです。つまり自然状態などというものは存在しません。ホッブズの空想全体が間違った概念に立脚しているのです。

【注】

25　**自然状態**　人為的に政治体を構成する以前に、人間がおかれていた状態を指す。ホッブズは、自然状態においては「万人の万人に対する闘争」が起きると考えた。この戦争が絶えない状態を避けるために、ホッブズは自然法を制定しなければならないと考える。ただし、自然法が成立するためには、各人が権利を放棄して国家に譲渡する（社会契約）ことが必要である。この国家のことを、旧約聖書に登場する怪物の名前をとって「リヴァイアサン」と呼ぶ。

第Ⅱ章

国と国のつながり

1 トランプの敗北

トランプ大統領のコロナ対策は失敗だったのか

トランプ前大統領は前回を上回る票を得ながらも落選しました。トランプ落選には、どのような意味があるのでしょう。

前回の2016年のアメリカ大統領選挙では、誰もがトランプをみくびって、当選するわけがないと思っていました。だからこそ、彼は当選したのです。そして、大統領になってからは誰も長続きしないだろうと思ったのに、4年の任期を全うしました。トランプがスキャンダルを起こす度に、世間は今度こそ彼も終わりだろうと思うのですが、彼はアメリカ大統領の地位を失いませんでした。

私は、「世間はいつになったら、これがトランプの戦略だと悟るのだろう」と思っていました。トランプは、「いい加減トランプはいなくなるだろう」という考えを自ら広めていたのです。トランプはメディアのプロで、史上最も有名なリアリティ番組の一つに出演していました。その上複雑なマンハッタンの不動産業界も熟知しています。どんなやり方であったにせよ、トランプは不動産業では成功者の部類に入ったのです。この人は社会のシステムを理解している。

もちろん、政治家としては非倫理的ですよ。私が仮にアメリカ人であったなら、決して彼には投票しなかったでしょう。トランプを政治的に支持するかどうかという話ではなく、彼は世間が思うような馬鹿ではないと言っているのです。

アメリカのCOVID－19による死者数は世界一となってしまいましたが、イギリスとEUの死者数をすべて合わせたら、アメリカとそんなに違わない数になるのではないでしょうか。ですからアメリカの戦略は大失敗というほどではない。数字だけではなく、質を見れば、それほど悲惨ではないということです。

その上、アメリカがデジタル産業で優位に立っていることも忘れてはなりません。例えば、今世界中の人がノンストップでズームを使っていますね。アメリカのデジタル経済はコロナ禍で猛烈に拡大したわけです。とすれば、アメリカは敗者のように見えても、最終的には勝者になるかもしれない。これは非常にアメリカ的な戦略です。チェスでは一つの駒を犠牲にしてゲームに勝つ「ギャンビット」と呼ばれる戦略があります。これはトランプのギャンビットなのかもしれません。

ギャンビットはリスクの高い戦略です。チェスでは非常に攻撃的な戦略ですが、史上最強のプレイヤーたちがよく用います。ロシアの世界チャンピオン、ミハイル・タリはギャンビットの名人で、容赦ない攻撃的なプレイをする人でした。トランプもギャンビット・プレイヤーなのかもしれません。高リスク高報酬は、彼のビジネスのやり方でもあります。

アメリカの医療制度を劣るものと見なして、そのコロナウイルス戦略を評価するのは単純すぎると思います。アメリカの医療制度がそんなに弱いはずがない。アメリカはノーベル賞を総なめにしているでしょう。アメリカの医療制度がそんなに弱いのなら、なぜヨーロッパ人ではなくアメリカ人がノーベル賞を多く受賞しているのでしょう。ノーベル生理学・医学賞を受賞したヨーロッパ人は非常に少ない。アメリカの医学研究は世界一であり、アメリカの医療制度も世界が思うほど悪くはないのかもしれません。

トランプの敗因

パンデミックさえなければ、経済は好調だったので、トランプが圧勝していたでしょう。

先ほども触れましたが、トランプは大変優れた大統領でした。アメリカの大統領が果たすべき役割そのものに問題はあるかもしれませんが、トランプは非常にうまく職務を遂行したと思います。アメリカの歴史を見ると、経済が不調だと、大統領が交代することがわかっています。それは自然の法則なのです。

パンデミックが起きたため、景気は後退しました。ですから実際にはパンデミックそのものではなく、パンデミックがもたらした経済的影響が敗因だったといえます。トランプは、パンデミックと経済の両方には対処することができませんでした。もし9月にワクチンが開発されていれば、再選されていたでしょう。ワクチンの開発は、わずかなタイミングで間に合いませんでした。彼にとって、タイミングが悪かったのです。あるいは経済が再び上向いていれば、再選されていただろうとも思います。しかしアメリカ国民は対抗馬に賭けた。これはアメリカの自然の法則なのです。重要なのは何といっても金であり、今は景気が悪いために、別の人間を大統領に選んだということです。

それでも、トランプは7400万近くの一般票を獲得しました。これは4年前の大統領選よりも遥かに多い得票数です。トランプが一部の支持者を惹きつけるのは、トランプがアメリカン・ドリームを体現しているからでしょうね。彼はある意味模範的なアメリカ人なのです。

　ジョー・バイデンは国際主義者です。バイデンも無論アメリカ人ですが、アメリカン・ドリームというファンタジーを象徴する人物ではありません。バイデンはファンタジーよりも現実に近いのです。バイデン政権に変わったことで、ヨーロッパが環大西洋協力の実現に希望を持ったのは、バイデンの利害が理解しやすいからです。

　バイデンは、一般人にとっても理解しやすい人物です。あなた（インタビュアー）も私も、バイデンの心理を理解することができます。彼がどのような人物かがわかるのです。バイデンはこれまでの人生で数々の辛酸を嘗《な》めてきました。彼のことは一人の人間として理解できるのです。

　一方、ドナルド・トランプはアメリカ人です。多くのアメリカ人は、人間である前にアメリカ人なのです。アメリカ人とは、そういうものです。おわかりでしょうが、アメリカ人の少なくとも半分は、自分たちをまず「アメリカ人」と定義し、「人間」という定義はその後に来ます。これは問題です。このアメリカ例外主義が、アメリカの基盤を形成しています。

　今後4年間に、7400万のトランプ支持者がグローバルな思考をするようになり、中国に旅行して美味しい中華料理を食べたいと思うようになるだろうかというと、まずそんなことは起こらないでしょう。おそらく4年後も、彼らは依然として中国を「ウイルスの発生源」と考えていることでしょう。一言でいえば、これがアメリカ例外主義なのです。

怖いのは、トランプの後に登場する人物

問題は、トランプの後継者が、トランプをも上回るような悪い存在である可能性があることです。トランプはアメリカの大統領としては優れていましたが、政治戦略に欠けていました。ところがマイク・ペンス[1]のような人物が次に出てきたとします。あるいはペンスよりもさらに悪い人間が出てきたとします。トランプのイデオロギーを持ち、かつ政治戦略に長けている人物が出てきたとしたらどうなるでしょう。それはまさに、ムッソリーニの後にヒトラーが出てきたようなものです。

4年後にもトランプが選挙に出た方が、彼の次に控えている人物が出てくるよりもまだましなのではないかと思います。次に出てくる怪物は、トランプ以上に世界にとって危険な人物なのではないでしょうか。トランプは世界にとってあまり危険ではありませんでした。戦争を始めることもなく、たくさんの戦争を停止し、中国に対抗しました。アメリカ国外の人間にとっては、大して悪いことはなかったのです。

トランプは確かにヨーロッパの敵ではありましたから、私にとってはやや悪い存在でした。しかし結果的には、ヨーロッパにも大した悪影響はありませんでした。私が心配しているのは、トランプの後に登場する人物が、全世界にとって悪い存在になるのではないかということです。

2
なぜ人々は陰謀説を信じるのか

アメリカ、ドイツで流布される陰謀説

アメリカで、Qアノンという陰謀説が流布されました。この陰謀説は、悪魔を崇拝する小児性愛者のエリート集団が存在し、トランプはこの秘密結社と密かに闘っていたというまったく根拠のないものです。驚いたことに、「Qアノン」支持者のマージョリー・テイラー・グリーンが、連邦下院議員選挙で当選しました。

ドイツにも似たような動きがみられます。“Querdenker”[2]、英語に直訳すると“queer-thinkers”、「奇妙な思想家」という意味の集団がいます。彼らは、政府のコロナ対策を批判し、あるエリート集団が（ドイツのエリートなのか、世界のエリートなのかはわからないとされています）民主主義を破壊するために、中国か、あるいはアメリカか、世界のどこかでウイルスを製造したと主張しているのです。彼らは自分たちだけが民主的な法の支配のために闘

っていると信じています。

この集団はデモも行っています。デモには、極左から極右までの2万人から4万人が集まります。極端な環境保護主義者や秘教信奉者もいれば、ネオナチもいます。これらの人々が一緒になって行進するのです。彼らの主な主張は陰謀説で、ドイツではよくコロナウイルスに関する統計について、賛成しかねる説を唱えています。

このグループには著名な教授たちも加わっています。ドイツ有数の経済学者であるシュテファン・ホムブルクは、リーダー格の一人です。興味深いことに、スイスのバーゼル大学が行ったこの運動に関する社会学的研究によると、参加者のほとんどが学者だというのです。この運動の主張は完全に陰謀説の領域に属します。「Qアノン」とも関係がありますが、同じものではありません。とにかく、陰謀説が激増していることは確かです。

ある調査によれば、ドイツ人の37%が、パンデミックは幻想に過ぎない、つまりパンデミックは実在しないと信じている人を少なくとも一人は知っているということでした。私自身も、そのような人をたくさん知っています。そこで、ドイツで交流のある知人100人のリストを作ってみたところ、その20%以上がパンデミックはでっち上げに過ぎないと考えていることがわかりました。こういう状況だから、ワクチンの接種を希望するドイツ人は、人口のおよそ50%しかいないのです。

理由の一つはネットフリックス

このような人々が増えている理由の一つは、ネットフリックスです。パンデミックが起きてから、人々は何をしてきたでしょうか？　私が最初にしたことは、パンデミックに関するすべての映画を改めて見直すことでした。私は何よりも先に、『コンテイジョン』[3]を見ました。私は最初、このウイルスがＳＡＲＳのように、致死率が10%に及ぶ病気かもしれないと考えました。もちろん、現在も極めて深刻な状況ではありますが、これよりも遥かに深刻な状況になっていた可能性があるのです。

とにかく、人々が最初にしたことは、フィクションの映画をすべて見直すことでした。これらの映画では、パンデミックは必ず中国から始まっており、あたかも未来を予言していたかのようです。私にはフィクションと現実の区別がつきます。しかし、ロックダウンが実施された後に、多くの人が最初にオンラインで見つけたのは、フィクションと陰謀説だったのです。したがって、陰謀説が増殖した理由は、ロックダウンが行われたことです。人は家に閉じこもっていると、様々な妄想を巡らせ始めます。

パンデミックは幻覚を引き起こします。このことについては、ドイツでもたくさんの研究が行われています。ドイツでは、パンデミックの結果、統合失調症患者が著しく増加しました。

彼らにはもはや現実と幻想の区別がつきません。私が陰謀説を信じている友人らと話すとき、「パンデミックが嘘であるはずはないじゃないか。実際に病院で人が亡くなっているのだから」と言っても、彼らはそれを疑うのです。「自分はその病院には行ったことがない。自分は実際には何も見ていない」と言うのです。「それならば病院に行ってみれば良いじゃないか！」と言うと、彼らは、「病院では誰も死んでいないから、中に入れてくれないんだ」と答えるのです。つまり、彼らは病院のＩＣＵには誰もおらず、職員がただコーヒーを飲んでいるだけだと思っているのです。そしてどういうわけか、アンゲラ・メルケルは彼らの口を封じて、民主主義を破壊しようとしているのだと信じ込んでいるのです。

実際、何千人もの分別のある人々が、このようなことを信じています。なぜなら、真実よりも、こうした説の方が納得しやすいからです。真相は、中国の武漢かどこかで、単純なウイルスがおそらくコウモリから人に転移し、さらに大勢の人に移ったということです。つまり、ウイルスがただひたすら増殖し続けたということ以外の何ものでもないのです。ウイルスは見ることも、触ることもできませんが、大勢の人を死に至らしめています。ただそれだけのことなのですが、この真実を受け入れることは耐え難い。

人々はこのような現実と向き合うことに耐えられません。どうしても納得できないのです。そのため、人々はより深い意味を何とかして見出そうとします。実際、私はこのウイルスには深い意味があると思っています。ウイルスは地球の免疫反応なのではないかと考えているのですが、これは陰謀説ではありません。一方、多くの人は、このウイルスは人間が製造したものに違いないと信じています。そうとしか考えられないと。これは精神病の始まりです。精神分析学的に見ると、一種のトラウマなのです。

「パンデミックの元凶がトランプ」はまさにフェイクニュース

いつまでも陰謀説が消えないことの一因は、メディアにも求められると思います。

まず、現在のメディアの偏向ぶりはひどいということを指摘しなければなりません。ドイツでもそうですが、ロシアを除くほぼ全世界で、メディアはドナルド・トランプに批判的な報道をしてきました。すべての共和党員がトランプ支持者であるわけではありませんし、トランプが一政党の代表でしかないことを考えれば、事実に即して正確に報道してきたとは思えません。報道内容は事実と合致していないと思います。

例えば、ドイツのメディアは、トランプが対応を誤ったために、アメリカではパンデミックがとりわけ拡大したのだと報道し続けました。しかし実際には、アメリカでは各州の政府がパンデミック対策を行ったのであって、この報道は事実と異なります。ニューヨーク州は民主党が支配していますが、最大の被害を受けました。トランプはニューヨーク市の死者数とはまったく無関係です。それにもかかわらず、ドイツのメディアは、あたかもトランプのせいで多くの人が死んでいるかのように報じたのです。

一方、フランスはどうでしょう？　フランスの死亡率も高いですが、誰もフランスの死者数が多いのはマクロンのせいだとは言っていません。メルケルももっと批判されてしかるべきですが、デア・シュピーゲル[4]（Der Spiegel）もメルケルはひどい独裁者だ、人々がこんなに死んでいるのはメルケルのせいだ、などとは報じていません。

これは極めて深刻な問題です。それは私が左派に反対しているからではなく、そもそもジャーナリズムは事実を報道すべきだと思うからです。そしてパンデミックの深刻化を招いた元凶はトランプだというのは、まさにフェイクニュースです。トランプが大統領でなければ、死者数はずっと低かっただろうというのは、虚構だと思っています。大統領がバイデンに変わったところで、バイデンが国民一人ひとりに会って、直接マスクを着けてあげるわけではないのですから、感染者は減らないでしょう。トランプ政権に対するこうした評価は、完全におかしいのです。

主流メディアのほとんどの記事が政治化している

仮に私がトランプ支持者であったとします。メディアが連日、トランプ支持者について「気がおかしい陰謀論者だ」、「人種差別主義者だ」、「女性蔑視だ」などと報道し続けたとします。実際にはそのいずれでもないのに、連日、あらゆる新聞がそう書き立てたとしたら、私は激怒するでしょう。それが今実際に起きているということが問題なのです。

主流メディアのほとんどの報道が、明らかに政治化されています。事実が正確に報道されていません。例えば私は、ドイツのジュートドイチェ・ツァイトゥング紙（Süddeutsche Zeitung、南ドイツ新聞）を読むのをやめました。昔は質の高い新聞だったのですが、今ではすっかり大衆紙になってしまいました。

今私が一番良いと思っている新聞は、ゲネラール・アンツァイガー紙（General-Anzeiger）という地方紙です。パンデミックが起きてから、質が上がりました。それはまさに、この新聞があくまで中立性を維持しているからです。世界中の政治家たちとのインタビューの内容も最高です。非常に中立的な報道姿勢で、政治的な偏向が一切見られない。このような報道がもっと増えるべきです。

陰謀説は、メディア全体の構造が生み出した

アメリカの主流メディアの偏向が悪化したのは、トランプが大統領になったことが原因でしょうか？　私は、逆だと思います。まずメディアが偏向し始めて、それが原因でトランプが大統領になったのだと思います。つまり、ソーシャルメディアを含む、メディア全体が偏向した結果、トランプが大統領になったのです。彼はいわば病気の症状であって、病気そのものではありません。バイデンの時代が始まっても、陰謀説が簡単に消えることはないでしょう。

それはドイツを見れば明らかです。バイデンが当選した結果、ドイツではむしろ陰謀説が増えています。つまり、トランプと、ドイツにおける陰謀説の数には関係がありません。当初、ドイツではスティーブ・バノン[5]が影の実力者であり、彼がヨーロッパを訪問して、人々を操っているのだと考えられていました。ところが、バノンがいなくなった後も陰謀説は増

え続けました。そして今やトランプもいなくなりましたが、陰謀説は増え続けているのです。

つまり陰謀説は、ソーシャルメディアを含むメディア全体の構造と関係があることがわかります。主流メディアは、ソーシャルメディアとしきりに闘っていますが、それにとどまらず、私はソーシャルメディアを潰すべきだと主張しています。それが最初の一歩です。まずソーシャルメディアを閉鎖するべきです。それが危機を乗り越える方法です。

YouTubeのフォロワー数に実質的な意味などない

主流メディアが、「誰それには何人ツイッター・フォロワーがいる」などと報道することがありますが、そんなことは、本来どうでも良いことです。まるっきり子供じみています。

例えば、「高校の何君と何ちゃんが褒められた」などとは報道しないでしょう？　そんなことはどうでも良いことだからです。それと同じで、誰かがツイッターで1000万人のフォロワーを集めたということに、実質的な意味はありません。

出版市場でも同じです。ドイツの科学者で、YouTubeのインフルエンサーとなった人が、本を出版しました。この人は、もともと本が売れなかったので、本を売るためにインフルエンサーになりました。ところがインフルエンサーになっても、彼女の本はやはり売れなかったのです。YouTubeには実体がないからです。YouTubeのフォロワーは、ビデオの内容にはたいして興味がありません。夜、気まぐれにビデオをクリックして、一分くらい見て、また別のビデオをクリックします。それが視聴者の行動パターンです。真のフォロワーではないのです。

ところが人々は、あるビデオが1000万回閲覧されたら、その人には影響力があると勘違いします。YouTube上では影響力があるかもしれませんが、実社会で影響力があるわけではありません。またしても、真実と虚構の混同です。主流メディアはフィクションの領域に踏み込んでいますが、それは良いことではありません。メディアはフィクションではなく、真実を報道すべきです。

本当に、彼らは自分たちが何をしているのかわかっていません。メディア業界は経済的に追い詰められています。彼らは自分たちのビジネスを続けられなくなるのではないかと恐れているのです。しかしそれならば、もっと良いビジネスをすべきでしょう。例えば、良いレストランは、周りに別のレストランができて、より安い値段で料理を提供し始めたら、ビジネスモデルを変えるでしょう。メディアも同様の対応をしなければならないのです。主流メディアはビジネスモデルを変えるべきです。例えば、私は真実が知りたいので、南ドイツ新聞ではなく、地元紙を予約購読することにしました。

3 ステレオタイプ思考とアイデンティティ・ポリティクス

パンデミックによる新たな人種差別

トランプの就任とほぼ同時期から、世界中で分極化が起きています。私は前著『世界史の針が巻き戻るとき』で、今ほど世界中の人間が人種差別主義者になっている時代はないと述べました。何人かのムスリムが人を殺した、だからムスリムは全員人を殺す、といった誤謬《びゅう》が世界に蔓延しており、そうした誤謬が文明の駆動力になっています。

人種差別主義は、倫理的価値の存在を否定する根本的に間違った考えです。それは、一部の人間に対して、他の人間に対する場合とは違う倫理的態度を取ることです。人類にとって有害な態度です。

さらに、パンデミックが起きたことで、それに関連した差別的な偏見もたくさん生まれてしまいました。どの国にも、独自の「コロナ・ナショナリズム」がありますが、ナショナリズムは人種差別主義の一形態です。一部のドイツ人は、スペインの方が死亡率が高いのは当たり前だ、地中海人種は無秩序だから、と思っています。フランス人はまるで戦時中のように、ウイルス対策については自分たちが最高だと信じています。スウェーデン人も自分たちの戦略が最高だと思い、日本人も、他のどの国もそう思っているのです。

さらに、危険地域の設定に人種差別主義が重要な役割を果たしています。EUでは、一国が別の国を高度な危険地域と宣言することによって諍《いさか》いが起きています。驚くべきことに、危険地域を指定するための客観的基準に関する合意が存在しないのです。そこでEUでは差別的なステレオタイプに根ざした、危険地域を巡る論争が起きています。ヨーロッパの北部と南部で違いがあるという考え自体が人種的偏見に満ちているのです。

ドイツのメディアはでたらめばかりです。ドイツでは今感染者が増加しています（2020年8月）が、それはドイツ人が地中海で休暇を過ごしたためだと連日報道されています。なぜ地中海に行くと感染すると思うのでしょう？「そうだ、スペイン人は感染力が高いのだ」と思うのは人種差別です。肌の色が濃いから感染力も高いに違いないと。そんなわけないでしょう。スペイン人は無秩序だ、アフリカ人に近い、などと言うのは二重の意味で人種差別でしょう。

アジアには違う形態の人種差別主義があります。日本には異人種と認識されている人たちに対する差別があります。日本には移民が少なく、人種的同質性があるという考えが広まっています。日本では在留外国人の割合が2％くらいでしたっけ？　非常に低い割合です。ですから日本特有の人種差別がある。そして中国には中国の人種主義があり、これも違う形で露呈します。中国人はヨーロッパ人に対して差別的であり、ヨーロッパ人は中国人に対してやはり差別的です。

人種問題の本質はステレオタイプ思考

どんな形態であれ、人種差別は間違っています。ほとんどの場合、人種差別は肌の色に基づいて起きていると思いますが、問題の本質はステレオタイプ思考です。ステレオタイプに基づく考え方は、一つひとつの行動を個別にきちんと説明する代わりに、固定観念ですべて片付けようとするものです。

私が（インタビュアーの）あなた方の行動を見て、「これは典型的な日本人の行動だ」と思うことがあります。実際、あなた方はお二人とも日本人だから、同じ行動をとることもあるでしょうが、その行動をとる理由はそれぞれ異なるのです。

私にとって大変印象深かったことがあります。お二人とも、ご飯茶碗の正しい持ち方をご存知です。一方、私の茶碗の持ち方は正しくない。あなた方が私の茶碗の持ち方を見ると、間違った持ち方だと思うでしょう。

でもお二人は礼儀正しいので、場合によっては持ち方を直してくださるかもしれないが、失礼にならないようにと、何も言わない選択をされるかもしれない。しかしあなた方お二人が正しい茶碗の持ち方をする理由は、それぞれ異なります。同じ両親に育てられたわけではないからです。お二人の心理はそれぞれ独自のものであって、「日本人の心理」ではありません。「日本人の心理」など存在しないのです。お二人が特定の茶碗の持ち方をして、私がしないのは、日本文化のせいではありません。行動の理由は一人ひとり違うのです。

ステレオタイプ思考とは、あなた方の行動を個人の行動と捉えずに、日本人一般に共通の行動として捉えることです。これは常に倫理的に間違った考え方です。このような解釈をすると、私はあなた方と交流しているのではなく、あなた方の表象と交流しているに過ぎないことになります。そしてそれは、私があなた方を本当の意味で尊敬していないことを意味するのです。

ステレオタイプは便利なこともあるので、広く受け入れられています。大体の場合、ドイツ人と日本人が出会うと、最初は礼儀正しくあろうとして、お互いにそれぞれのステレオタイプに基づいて相手に接します。初めは相手が自分と具体的にどう違うかわからないので、大きな違いがあると想定して接するのです。自分の文化とは異なると思う文化に干渉しないように、注意するわけです。

しかしお互いのことがわかってくると、違いよりも共通点がよく見えるようになります。最初に出会った頃とは様子が変わり、やがてステレオタイプがいかに馬鹿馬鹿しいかに気づくのです。「典型的日本人はどのように振る舞いますか？」という質問には答えようがないのです。「典型的日本人」などというものは存在しないからです。

もしあなたが典型的日本人と思われる人物を見つけたとしたら、それは私が考える典型的日本人とは異なるでしょう。例えば「典型的な日本人とはこういう人で、このように振る舞います」と言って、誰かを見つけてきたとします。ところが典型的な日本人など存在しないので、まったくおかしな話でしょう。これがステレオタイプ思考です。

アイデンティティ・ポリティクスは非倫理的

ステレオタイプ思考は本当に問題です。人種差別主義はステレオタイプ思考の一種ですが、女性蔑視もそうです。ですから私はいかなるアイデンティティ・ポリティクスにも反対なのです。非倫理的だからです。この点をはっきり申し上げておきます。

アメリカの民主党は、共和党とまったく同じように倫理的に堕落しています。民主党もアイデンティティ・ポリティクスを行っています。カマラ・ハリスはどうでしょう。ハリスは法と秩序を非常に重んじるカリフォルニア州民です。しかしアメリカ人はハリスを進歩的なアフリカ系アメリカ人女性だと思っています。彼女が進歩的ですって？　アフリカ系アメリカ人だったら誰を連れてきても進歩的なわけではありません。アフリカ系アメリカ人を大統領に選ぶこと自体は進歩的でもなんでもないのです。

人種差別主義の例を挙げましょう。オバマにノーベル平和賞を授賞するのは人種差別主義です。オバマは戦争を始め、中東情勢を不安定化しました。リビアを破壊し、難民危機を引き起こしたのです。彼は人類に膨大な不利益をもたらしました。オバマがアフリカ系アメリカ人だから進歩的だと思うのは人種差別です。オバマはただのアメリカ人であって、特別な人間ではありません。

先ほど民主党は倫理的に堕落しているといいました。アイデンティティ・ポリティクスは（抑圧された集団に配慮するという点で）良いイメージがありますが、民主党は例えば本当に女性に優しいのでしょうか？　もちろん、一部の民主党員は女性に対して礼儀正しいでしょう。それは素晴らしいことです。誰もが女性に対しても男性に対しても、できる限り礼儀正しく接するべきです。しかしバイデンはどうでしょう？　バイデンが女性に礼儀正しいかどうかは知りません。実際にどうかはわからないのに、そうだと想像している。これがステレオタイプ思考であり、重大な問題です。

ドイツについても同じことがいえます。緑の党は環境保護を訴えていますが、やはりアイデンティティ・ポリティクスを利用しており、ワクチンにも反対しています。これらは深刻な倫理的問題です。

4 EUの失敗と中国問題

EUの最大の過ち

残念ながら、いまのEUにはあらゆるステレオタイプ思考が見受けられます。そして、もっぱらネオリベラルなモデルに基づいています。

例えば最近ウイルス対策に関する話し合いが行われた際に、「Frugal Four（倹約4ヶ国）」が出現しました。「Frugal Four」とは、オーストリア、オランダ、スウェーデン、デンマークの4ヶ国のことです。これらの国は地中海沿岸諸国と共同の債務を負うことを拒否しました。

EUはヨーロッパの価値観に基づいて運営されているわけではありません。ヨーロッパの価値観が重要だと宣言している割には、それを尊重していません。EUの関心事は経済だけです。ヨーロッパには何やかや共通項があると主張するのですが、空虚な主張です。ヨーロッパに共通の遺産があるとしたら哲学やその他の文化遺産ですが、ＥＵはこれらはどうでも良いと思っている。

例えばヨーロッパ史上最高の詩人とも言えるイタリアのダンテや、ホメロスがＥＵで何か役割を果たしているかというと、まったく果たしていません。ＥＵの深刻な欠陥は、文化遺産とは何の関係もない点です。多くのヨーロッパ諸国がＥＵに帰属意識を持っていないのは、ＥＵが単に経済交渉の場でしかないからです。本来、文化遺産はヨーロッパを団結させるために非常に有効なはずなのですが。

経済関係の存在が戦争を防止できるという考え方は短絡的だと思います。今、目の前でサイバー戦争などのまったく新しい形の戦争が起きています。また、ギリシャとトルコの間で、実際の戦争も起きるかもしれません。

トルコをＥＵに加盟させなかったのは大変な間違いでした。ＥＵ最大の失敗だと思いますが、今となってはどうすることもできません。トルコがＥＵに加盟していたら、エルドアンは独裁者にはなっていなかったでしょう。彼は独裁者になるほかなかったのです。

なぜＥＵはトルコを加盟させなかったのでしょうか？　トルコにはもちろん人権問題などの欠陥もあります。しかしそんなことを言ったら、ブルガリアも、ギリシャも、スペインも問題を抱えています。ドイツでは警察の蛮行が問題になっていますが、だからといってドイツがＥＵに入るべきではないと言う人はいないでしょう。どの国にも人権問題はあるのです。トルコがＥＵに加盟していたら、トルコの人権問題をある程度抑止できていたでしょう。難民危機もシリア問題も、トルコがＥＵの一員となっていれば解決できていたかもしれません。

トルコを加盟させなかったことの代償は大きいと思います。トルコは面積も大きく、経済力もあり、今とは違う形で強大な国になっていたことでしょう。なぜトルコを入れなかったかというと、ＥＵはキリスト教国の集まりだという認識があったからです。

これもまた危険なステレオタイプです。ヨーロッパのキリスト教国は、イスラム教の国を受け入れられないと考えた。しかしヨーロッパ諸国はキリスト教国ではないし、トルコもイスラム教国ではありません。トルコの憲法は非宗教的で、欧州憲法もキリスト教とはまったく無関係です。このように、トルコ排除の決定もまた人種差別主義、あるいはステレオタイプ思考の産物だったのです。トルコをＥＵに迎え入れることこそが賢明な選択でした。

トルコがもしＥＵに加盟していたら、ＥＵは他国、例えばロシアに対して大きな影響力を持っていただろうと思います。トルコが加盟すれば、ＥＵの境界線は黒海に到達するのです。地政学的には、トルコを入れるのは素晴らしい戦略だったのですが、もう遅いのです。エルドアンが何度も加盟を試みた12年前に迎え入れるべきでした。

トルコをEUに入れるべきだと主張しなかったことは、メルケルが犯した最大の過ちかもしれません。私は政治家ではありませんし、この交渉に参加したわけではないので、トルコがどれほど難しい交渉相手だったのかはわかりません。しかしトルコをEUに加盟させることは進歩的なアイディアだっただろうと思います。

EUにアフリカの国を加盟させよ

今後EUはアフリカの国を加盟させてはどうでしょう。素晴らしいではないですか。このような動きは、EUが経済だけでなく、思想もその存在基盤としていることを象徴するものです。経済だけでは統合はうまくいかないのです。ハンガリーやポーランドなどの東ヨーロッパ諸国を見れば、これらの国々がドイツと少しも連帯感がないことがわかります。ドイツと東ヨーロッパ諸国の分断には内因と外因の両方があります。

一方、中国は何をしているかというと、この状況をうまく利用しています。習近平は東ヨーロッパの小国を訪問し、欧州議会での投票行動に影響を与えようとしています。なぜ中国にこんなことができるかというと、ＥＵ内で一部の国が他国を侮辱しているからです。ドイツは度々ギリシャの面目を潰してきましたが、そんなことはすべきではないのです。これもＥＵの問題の一つです。

ギリシャを侮辱した責任はメルケルではなく、ヴォルフガング・ショイブレ[6]にあります。ギリシャやイタリア、スペインに屈辱を与えてはいけないのです。親戚の集まりで、叔父さんに恥をかかせるようなことは誰もしないでしょう。そんなことをして良いわけがありません。ここにＥＵの倫理的、精神的な欠陥があると思っています。今後この点を直さなければ、ＥＵは生き延びられないでしょう。

中国とどうパートナーシップを築くか

中国は香港で新しい治安法を敷くなど、監視能力をどんどん強化しています。「国際社会は中国の行動に介入すべきだ」と考える人もいますが、中国の統治の仕方を我々が変えられると考えるのは甘いでしょう。

中国は14億の人口、広大な土地、権力、そして異なる伝統を持つ国です。我々が中国に対して議会制民主主義を導入すべきだと諭すことなどできっこないでしょう。中国が我々の言うことを聞くわけがありません。

中国にとって我々は小国です。その上彼らはロシアを味方につけています。地球全体の陸地面積を見渡すと、ロシアと中国が大部分を占めていますね。我々はいわばマイノリティなのです。中国はこれを知っているので、我々が中国を変えることなど不可能なのです。

問題は、では我々はどうすれば中国と持続的なパートナーシップを築くことができるのかということです。我々は中国と対話を始め、中国がもはや発展途上国ではないことを認めなければなりません。認めるのは難しくとも、中国はもはやコンゴのような国と同列に捉えることはできないのです。

中国は昔から他の途上国とは違っていました。中国は有史以来、一〇〇年ほどの期間を除いて、常に強力な国家でした。そしてこの一〇〇年の間に、中国は近代に移行する準備を進めていたのです。

日本は19世紀にいち早く近代に突入しました。日本は、近代はもうすぐそこまでやって来ている、それならば早急に近代化しようと、直ちに適応したのです。だから日本は今も超近代的（ハイパーモダン）です。日本はポストモダンではなく、ハイパーモダンなのです。

中国は四、五十年前に近代化しました。あくまでも「中国流の近代化」です。中国のモダニティ（近代性）は複雑で、それがどのようなものなのか、我々にはよくわかりません。ともかく、今我々に必要なことは、中国と対話をし、彼らをパートナーとして受け入れることです。介入することは不可能なので、対話をしなければなりません。

日本は漢字を使っているので、他の国よりも中国のことがわかっています。日本人が中国語を覚えるのは比較的容易です。少なくとも中国語の文章を読むことはそんなに難しくないでしょう。ドイツ人の私が中国語を学ぶよりも、日本人が学ぶ方が簡単でしょう。それに日本は地理的にも中国に近い。ですから日本はヨーロッパよりも中国を理解していますが、その日本にとってさえも中国は謎に包まれた国だろうと思います。

地政学的には当然中国の影響力を抑制すべきです。でもまずは中国と対話し、相手に敬意を示さなければなりません。中国にとっては、尊敬されることが非常に重要なのです。それが最初の一歩です。

年がら年中、中国は人権を侵害していると指摘しても何も変わりません。中国とパートナーシップを築く唯一の方法は、対話を通して相手を理解することなのです。それが今、我々が中国に対してしなければならないことだと思います。

対話型モデルが目指すのは、相手の立場をできるだけ想像することです。それは、相手の立場をそのまま受け入れるということではなく、相手の立場に立って物事を考える必要があるということです。それこそが倫理を実践するということの基本であり、対話型が目指すものです。

中国は危機にうまく対応できていない

実は中国は危機にうまく対応できていないのです。世界は中国が危機にうまく対処したと思い込んでいますが、実は中国の対応の仕方はひどいものでした。第一、ウイルス危機は中国のせいで起きたのです。これだけでも中国政府がウイルス対策に失敗したという十分な証拠です。中国はその後の危機管理にも失敗し、今は飢饉《ききん》の可能性が囁《ささや》かれています。

生きているものなら何でも食べるという食文化が中国にあるのは、数々の飢饉を経験したせいなのです。ですからコウモリだって当然食べます。COVID－19を人類にもたらしたのはコウモリだといわれていますが、コウモリを食べなければ死ぬという状況に置かれれば、誰だってコウモリを食べるでしょう。

このように、中国にはもともとパンデミックを生み出す可能性が十分あったのです。中国はただ自分たちがうまく対処したと宣伝しているだけで、我々は実際に中国がどのように危機管理を行ったのかわかりません。詳しい説明がないからです。中国で何が起きているか誰にもわからないという状態こそが、中国にとっては非常に重要なのです。

対話の努力をしなければ、中国はより攻撃的になる

香港はもはや失われました。香港にとっては悲しいことですが、もう取り戻すことはできません。香港は今後5年間に中国の他の都市と変わらない街になるでしょう。それを止めることは誰にもできません。その後中国は台湾も支配するかもしれません。

中国が香港を完全に支配するようになれば、おそらく遅くとも20年以内には台湾も支配するでしょう。その後中国がどこまで覇権を拡大するかはわかりません。中国が現在の国境をさらに大幅に拡張したいと思っているかどうかは世界の重大な関心事です。

しかし中国もトルコと同じで、トルコに関して先ほどいったことが当てはまります。トルコがもしEUに加盟していたら、これほど攻撃的な国にはなっていなかったでしょう。つまり中国を敵視せず、人類のコミュニティの一員として接することが必要なのではないでしょうか。中国は北朝鮮ほど邪悪な国ではなく、北朝鮮とは対話できなくても中国とはできます。

我々は対話を通して、中国と協力する新しい方法を模索すべきなのです。それはとても難しいことですが、この努力をしなければ、中国は攻撃的になるだろうと思います。

日本も「普通の国」になるべきだ

ただ、私は対話の努力を重ねればそれで十分だというつもりもありません。

日本の憲法は軍隊を禁止していますが、日本も軍隊を持つ「普通の国」になるべきだと考える日本人も少なくありません。残念なことではありますが、今の状況下では日本も「普通の国」になるべきだと思います。

日本は特殊な状況下にあります。近くに二つの、非常に危険な独裁政権が存在している。これらの政権は、「隙あらば日本を破壊しよう」と狙っているとも考えられます。日本には非武装化という選択肢はありません。

行動原理は平和主義であっても良いのです。今日の日本人は、1920年代、30年代の日本人とは違うと思います。現在日本が中国の侵略を企てるリスクは皆無でしょう。もとより、侵略することなど不可能ですが。

2019年、トランプは日米安全保障条約について「もし日本が攻撃されたら、アメリカはあらゆる犠牲を払って戦う。しかしアメリカが攻撃されても日本は助ける必要はない」と発言しました。彼は正しいことを言いました。トランプは正しいこともあるのです。

　彼はドイツについても、「アメリカがNATOを守るためにシリアで血を流しているのに、ドイツはシリアに一人も兵士を派遣していないじゃないか」と言っています。地下に潜ったISISと戦い、アメリカ人の兵士が死んでいるのに、ドイツに対して、兵士を一人でも良いから送ってくれと言っても、「ダメだ、我々は平和主義者なのだから」と断るじゃないかと。そのくせドイツは、自分たちの利益になる場合には、兵士を派遣すると言います。

　これでは、もし私がトランプなら、ドイツは自分を馬鹿にしているのではないかと憤慨しますよ。うちの兵士が死んでいるのに、お宅は一人も兵士をよこさない気かと詰問すると思います。それなら、もしプーチンがあなた方を攻撃しても知らぬ振りをするぞ、それが嫌なら行動を変えろと迫ることでしょう。アメリカの立場からすれば当然の反応です。他に理性的な反応はあり得ません。

　日本についても同じことがいえます。アメリカが他国に攻撃されたら、日本は「アメリカは大国なのだから自衛できるだろう」というでしょう。考えてみれば、トランプの登場の結果、ドイツも日本も成長せざるを得なくなったといえます。

ドイツと日本は、戦時中の体験に基づき、自分たちは平和の象徴になるべきだという意識を持っています。どちらも第二次世界大戦では最も攻撃的な国であり、それぞれの国内で人類史上最悪の出来事が起きました。ドイツではユダヤ人が、そしてカトリック教徒や共産主義者が殺戮されました。しかも、殺された人たちはみんなドイツ人だったのです。ドイツ人は外国人ばかりか、おびただしい数の自国民を殺したのです。

日本でも多くの日本人が日本人によって殺されました。国民は好戦的な軍の将校らによって負け戦に駆り出され、原爆も体験しました。ドイツと日本は人類史上最悪の戦争の影響を被りました。我々はこの文化的記憶があるために、平和運動を先導するのにふさわしい立場にあるのです。アメリカには、このような体験がないのでその立場にありません。

しかし、だからといって、我々両国が今後さらに防衛力を強化できないというわけではありません。もはや、アメリカの背後に隠れているわけにはいかないのです。戦後、いつかはアメリカが守ってくれなくなる日が来ることはわかっていました。

日本とドイツはアメリカの外交政策の唯一の成功例なのです。他はすべて失敗に終わっています。第二次世界大戦後、アメリカは戦争に勝ったことがないのです。他国の民主化にも成功したためしがありません。実は、自分たちの社会モデルを根付かせることができたのは、日本とドイツだけなのです。我々の国は完全にアメリカナイズされたわけではありませんが、アメリカの良いところをたくさん取り入れています。今や独り立ちする時期なのです。

5 EUが進めるべきソフトパワー戦略

今のEUはアメリカを擬態している

EUの振る舞いについてさらに考えてみましょう。先ほどEUが本当に倫理的な機構になっているかどうかについて疑義を呈しましたが、EU自体は、世界の倫理的なリーダーのように振る舞っているようです。

前著『世界史の針が巻き戻るとき』で私は、「ヨーロッパが近年行っているのは、ヨーロッパのように見せかける擬態（生物が攻撃や自衛などのために、体の色や形などを、周囲の植物・動物などに似せてカモフラージュすること）です」といいました。近年、ドイツ人もフランス人もイギリス人も、同国人同士でいざこざを起こしていましたが、これはヨーロッパでは19世紀から見られるパターンの踏襲といえるものでした。

その擬態もCOVID－19の影響で大きく変わってしまいました。ヨーロッパは今、アメリカのように見えます。どういうことかというと、ヨーロッパは世界がアメリカに期待していた役割、つまり倫理的リーダーの役割を果たしているのです。

　ヨーロッパはアメリカの民主党の進歩派の生まれ変わりのようで、１９７０年代の民主党を彷彿《ほうふつ》とさせます。アメリカにとても似てきました。これはヨーロッパの地政学的戦略の一つで、世界の主導権をアメリカから引き継ごうとしているのです。

　しかし大っぴらに「アメリカの覇権は終焉するので我々が引き継ぎます」とはいえません。ですからアメリカに気づかれないよう、ひそかに計画を進めなければなりません。ヨーロッパは倫理を尊重することで主導権を握ることを考えているようですが、私もそうすべきだと思います。私が行っている数々の提案は、ＥＵが倫理的優位性を確立しようとするこの瞬間に合わせたものなのです。真のソフトパワーは敬意と信頼です。とてもシンプルなものです。

　ドイツ人は、自分たちの考えを広めることには慎重になるきらいがあります。ドイツはかつて、歴史上最悪のアイディアを生み出したことがありますから。マルクス主義、国家社会主義を生み出したのはドイツです。でも、今日のドイツは良いアイディアを提供できるのではないでしょうか。例えばマルクス主義のように、ドイツは本来、アイディアを世界に広めることは得意なのです。今度こそ良いアイディアを広められるかもしれません。

最も望ましいソフトパワー戦略とは

アメリカのソフトパワーが世界を席巻しているように見えますが、アメリカのソフトパワーはもはや文化ではありません。長年アメリカのソフトパワーは映画などの文化でしたが、その後ネットフリックスに変わりました。そして今はソーシャルメディアだけになりました。ソーシャルメディアは進歩的ではありません。ステレオタイプ思考を招くので、退行的です。

アメリカのソフトパワーが効果的だったのは、かつてアメリカ製品が素晴らしかったからです。誰もがアメリカ製品を欲しがりました。アメリカ製の靴やジーンズは履き心地の良い、優れた商品でした。映画も優れた作品が数多く制作されました。このように、製品の質が良かったため、アメリカのソフトパワーが人の心を支配できたのです。

しかし現在アメリカは、ソーシャルメディアやグーグルなどのサーチエンジンによる侵略的な監視システムによって人の精神を支配しようとしています。グーグルのサーチエンジンが行っていることが一般人にも知られてきたため、TikTok（ティックトック）などを巡って大きな論争[7]が起きているのです。こうした論争はこれからますます増えるでしょう。ＥＵも今、反アメリカのデジタル戦略を検討しています。このようにアメリカのソフトパワーは弱ってきています。

今一番良いソフトパワーは何か、つまり一番良い地政学的戦略は何かというと、同盟国を作ることです。友達は多い方が良い。友達をどう作るかというと、人に優しくするのです。誰だって嫌な奴の近くにはいたくないでしょう。人に対して礼儀正しければ友達ができるのです。ＥＵは今、とても優しくなろうとしています。環境に配慮し、内省し、礼儀正しい国になろうとしている。これが擬態の次の段階、つまりＥＵが過去のアメリカの擬態になることかもしれません。

突如、フランスに世界トップクラスの大学が出現した

ヨーロッパのソフトパワーについて、最近の面白い例を挙げましょう。マクロン仏大統領が、いくつかの大学と協力して、「パリ・サクレー（Paris-Saclay）」という新しい大学を設立しました。この大学は、設立早々世界大学ランキングの14位にランクインしました。これでヨーロッパには世界のトップ大学の一つがあるということになります。しかし実際には何も

変わってはいないのです。元々の大学にいた人たちが作ったのですが、突然フランスはトップ大学を有することになった。大学のホームページを作っただけで、無料でランキング入りしたわけです。

ホームページという虚構を作るマーケティング戦略は、アメリカが生み出したものです。突然フランスに世界有数の大学があることになり、フランスは向上していると思われる。しかも授業料は無料です。なんと倫理的なことでしょう。これでは誰もがフランスで学びたい、もうアメリカの大学に行く必要はないと思うようになるでしょう。賢い計画です。

ドイツも、これから同様にソフトパワー戦略を用いることでしょう。世界中の人がアメリカの医療制度は悪い、ウイルス対策も失敗したと思っているので、ヨーロッパが突然魅力的に見えてきます。

アメリカがパンデミック対策で失敗したというのはヨーロッパのイデオロギーであり、ソフトパワーなのです。そもそもアメリカの戦略は失敗だったと言い出したのは誰だと思いますか？　それは民主党とヨーロッパです。これがヨーロッパによる民主党の模倣です。

日本の伝統的ソフトパワーはまだ健在ですね。例えばビデオゲーム。先ほど任天堂に言及しましたが、任天堂の Switch は、ロックダウンの最中みんなが買い漁《あさ》ったので、一時期入手不可能でした。任天堂の株は上がったのではないかと思います。日本のソフトパワーは今も健在ということです。

そしてもちろん、日本は自国のパンデミック対策をうまく宣伝しましたね。先ほど申し上げたように、ドイツは今、「我が国が最高の解決策を見つける。我が国はアメリカよりも優れている」と主張しようとしていますが、今は日本の戦略を模倣しようとしています。ドイツは公式に、日本と同じ戦略をとるべきだと宣言したのです。つまり日本がドイツのウイルス対策の模範となったということで、これは日本の大きなソフトパワーです。

ドイツと日本は、スポーツにたとえればまったく同じリーグで競っているのです。我々は世界第三、第四の経済力を持っています。日本はドイツよりも人口が多く、ドイツよりも少しだけ経済力があります。しかしドイツはフランスと共に現在ＥＵの経済を支配していま す。ＥＵは多国間同盟ですが、ドイツはその中で強大な力を握っているのです。このように同じリーグのチームでありながら、ドイツに日本のウイルス対策を模倣すべきだと思わせた点において、日本は強力なソフトパワーを持っているといえるでしょう。

6 倫理的な政治家　アンゲラ・メルケル

メルケルはドイツ史上最高の首相かもしれない

本章の最後に、２０２１年に首相の座を下りる予定であるアンゲラ・メルケルについて触れましょう。

私が見るところ、メルケルは倫理的に正しいことをする代表的な人物です。私の考えの一部は、ある意味でアンゲラ・メルケルに捧げるものだともいえます。私自身は彼女に投票したことはありませんが、それは投票する必要がなかったからです。彼女が落選する恐れがあったなら私はキリスト教民主同盟に投票していたでしょうが、民主主義社会においては一人の候補が圧倒的多数の票を獲得すべきでないと信じているので投票しませんでした。メルケルが票の全体の７割を獲得するようでは困るのです。しかし、実際のところ、私は彼女の政策のほとんどを支持しています。

メルケルは数多くの決定的な瞬間において、倫理的に正しい決断を行ったと思っています。だからこそ尊敬されているのです。難民危機、ユーロ危機、そしてコロナ危機において、メルケルは倫理的・戦略的洞察に基づいて行動しました。彼女は経済戦略と地政学的知識、そして倫理的洞察を組み合わせてあらゆる事態に対処するのです。トランプ同様、メルケルも我々一般人が入手できない情報を得ることができます。しかしトランプとは違って、彼女の基本的動機は倫理的に正しい選択をすることなのです。メルケルは数百年後の世界を念頭に置いて、遺産となるような持続可能なプロジェクトに取り組んでいるのです。

メルケルは、20年後の世界に自分がどう見られるかを考えています。これが彼女が偉大な民主的指導者たる所以《ゆえん》です。メルケルはドイツ史上最高の首相、いや政治家かもしれません。その点はいずれ明らかになるでしょう。それは彼女がしたことすべてが正しかったからではなく、未来を見据えて倫理的な決断を下したからです。

メルケルが首相に就任してから、ドイツは福島の原発事故への対応として、原子力の放棄を決断しました。事故は日本で発生したにもかかわらず、メルケルは人類は二度とこのような事故を経験すべきでないと言いました。「ドイツは」ではなくて、「人類は」と言ったのです。これはドイツの問題じゃない、人類の問題だと。彼女自身がこの分野の専門家であるにもかかわらずです。

メルケルは理論物理学者です。多くの物理学者は原子力を支持していますが、彼女は支持しませんでした。賢明な対応です。難民危機や同性婚にも同じ姿勢で対応しました。メルケルは個人的には同性婚に反対の立場であることをはっきり表明していたにもかかわらず、これを合法化しました。

今彼女が取り組んでいるのは持続可能な開発です。メルケルは先週（20年8月）、ベルリンでグレタ・トゥーンベリ他3名の活動家と会っています。グレタ・トゥーンベリは間違っていることもたくさん言っており、彼女の言いなりになるためではありません。メルケルはトゥーンベリの話を聞き、その視点を意思決定に取り入れたいと考えたのです。これらの理由で私はメルケルは賢明な人物だと思っています。彼女は驚くべき知恵を具えており、政治家として尊敬に値します。

最も素晴らしいと思ったのは、さらなる再選を望まなかったこと

フェミニズムに言及しますと、メルケルを指して、ほら、女性は男性と同じように、あるいはそれ以上にうまく何事もこなせると言う人もいるでしょうが、なぜメルケルが男性と同

等かそれ以上に優れているのかというと、女性も人間だからです。秀でた人というのは男女を問わず存在するもので、メルケルはそのうちの一人です。

当然、メルケルにも影の側面があります。権力にものをいわせて、これまで多くの人を政治的に抹殺してきました。見事な戦略を用いて、冷酷に人を切り捨ててきたのです。メルケルは権力というものをよく理解しており、時には冷酷にもなれるということを、我々は見せつけられてきました。

しかし、彼女は２０２１年の総選挙には出馬しないとはっきり宣言しました。彼女の行動の中で最も素晴らしいと思ったのは、首相再選を望まなかったことです。気が変わることはないでしょう。ドイツ史上、こんな政治家は見たことがありません。14年以上首相を務めたアデナウアーやコールのように首相の座にとどまることができたはずですし、おそらくコールの記録を破ることはできたと思います。コールは16年間首相を務めましたが、キリスト教民主同盟の首相は非常に長く居座るのです。

メルケルはコールと同じ期間首相をしているわけで、実に長いのです（２００５年11月に首相に就任）。さらに続けようと思えば問題なく続けられるのですが、まったく続ける気がない。ドイツ史上、威厳を持って退陣することを選んだ首相はこれまでいませんでした。もしかしたら世界史でもこんな政治家はいないかもしれません。驚くべきことではありませんか？　一国の首相であるチャンスがありながら、新風を吹き込んだ方が民主的だからという理由で退陣するのです。極めて感動的な姿勢ではありませんか？

このような偉大なリーダーを失うので、我々ドイツ人は将来この時期を振り返って悲しみを覚えるだろうと思います。しかし、メルケルは次の首相のために布石を打つことができるかもしれません。今のところ、次期首相は私の州（ノルトライン＝ヴェストファーレン州）の首相のアルミン・ラシェット、バイエルン州のマルクス・ゼーダー、元財務大臣のオーラフ・ショルツの3人のいずれかになりそうですが。

私は2回メルケルと会ったことがあります。一度は公式晩餐会で、もう一度はベルリンで。晩餐会ではメルケルが大企業を相手にスピーチを行ったのですが、そのとき私は隣のテーブルから彼女を綿密に観察していました。そのスピーチは本当に素晴らしいものでした。彼女の知性の高さが窺えました。

メルケルは信じられないほど高いＩＱを持つ、政治的天才と呼べる逸材です。天才にはいろんなタイプがあり、万人に愛される必要はないのです。トランプも政治的天才かもしれませんが、邪悪で、くだらなくて、うるさい天才もいます。メルケルは明らかに政治的天才です。

現在の大統領のフランク＝ヴァルター・シュタインマイアーもとても賢明な人物で、最高の政治家の一人です。社会民主党の政治家で、とても倫理的で思慮深い。ドイツの大統領は国の良い象徴だと思います。ドイツの大統領はアメリカの大統領とはまったく違う存在です。

【注】

1 **マイク・ペンス**（１９５９－） 共和党の政治家。２０１７～21年、トランプ政権下で副大統領を務める。

2 **Querdenker** "lateral thinker"（水平思考、つまり既存の枠に囚われない思考ができる者）という意味。

3 『**コンテイジョン**』 感染症の脅威を描いた２０１１年のハリウッド映画"Contagion"

4 **デア・シュピーゲル** ドイツの週刊誌。発行部数がヨーロッパで最も多い。

5 **スティーブ・バノン**（１９５３－） ２０１６年の大統領選でトランプ陣営の最高責任者となり、後にトランプ政権の首席戦略官を務めた。

6 **ヴォルフガング・ショイブレ**（１９４２－） ドイツ連邦議会議長。第二次～第三次メルケル内閣で財務相を務める。

7 ２０２０年7月31日、中国発の動画投稿アプリ「TikTok」により、アメリカの登録者の個人情報が中国に流出する恐れがあるとして、トランプ大統領（当時）は国内での使用を禁止した。

哲学者と現代のつながり……2

カントとヘーゲルの人類への貢献

前著『世界史の針が巻き戻るとき』で、私は「ドイツにも、イマヌエル・カント（1724－1804）やゲオルク・ヴィルヘルム・フリードリヒ・ヘーゲル（1770－1831）らがモダニティ（近代性）に素晴らしい貢献をした面もあります」と述べました。彼らが具体的にどのような貢献をしたか、お話ししたいと思います。

カントとヘーゲルの知的遺産は、民主的な法の支配です。すなわち自立した行為主体を認める法の支配です。カントの権利の概念、つまり権利とは何か、法とは何かといったことすべてがそれに関与します。

カントの考えでは、法制度は、人の自由は他者の自由が始まるところで終わると規定するものです。つまり法制度は複数の人間の主張の折り合いをつけるもの、一人ひとりの人間が超えられない境界線を引くものなのです。

カントはさらにこの考えに倫理を導入しています。良い法制度とは、倫理的洞察に制御され、人が法に自立した主体として関わることができる法制度のことです。この倫理性と合法性の組み合わせは、現代ドイツの民主的な法の支配と憲法の基盤になっています。そしてこの組み合わせがあるかないかは、国の進歩の度合いを測る尺度として世界中に広まっています。

真に進歩的な政治とは、倫理的な主張が法制化される政治のことなのです。例えば同性婚や中絶など、倫理的に正当な主張を、法制度に取り込んでいく政治のことです。

このような権力と倫理の関係を確立したのがカントとヘーゲルです。彼らの前に権力と倫理を関連づけた人間はいないと思います。プラトンやアリストテレスも両者に言及しましたが、基調を定めたのはカントとヘーゲルです。だからドイツ憲法の冒頭部分に「人間の尊厳は不可侵である」と書かれているのです。カントの洞察を表すこの文言は、いわばドイツの紹介文なのです。

第Ⅲ章

他者とのつながり

1

自己を押し付けるソーシャルメディア

自由民主主義を弱体化させる危険なドラッグ

私は以前から、「人はソーシャルメディアなどの米国製品を消費しながら楽しんでいると思っているが、実際には窒息している」と述べています。この章ではソーシャルメディアについて取り上げることにしましょう。

消費者行動を操作するソーシャルメディアのアルゴリズムは、基本的に我々を他人と対抗させる機能を持っています。インスタグラムやツイッターなどのプラットフォームには、それぞれできることとできないことを規定する枠組みがありますが、この枠組みが人の行動を変化させているのです。

簡単な例を挙げましょう。グーグルのサーチエンジンは、ダックダックゴー（DuckDuckGo）とは違って、人が検索したくないものを、無理に検索させる機能を持っています。ダックダックゴーは完全にプライバシーを重んじるサーチエンジンです。ダックダックゴーでは探したいものを探すだけですが、グーグルとダックダックゴーの違いはAIです。グーグルは個人の検索行動を利用してその人の行動を操作し、より長い時間、オンラインに止まらせようとするのです。

この点はすべてのソーシャルメディアに共通しています。似たような技術を用いてユーザーを分極化し、できるだけ彼らがオンラインに止まる時間を延ばそうとしているのです。

トークショーのような伝統的なメディアでは討論が必要です。トークショーも人と人を対抗させるという意味では似たようなロジックを用いていますが、異なる意見を視聴者に提示した上で合意点を求めて論争を解決しようとする倫理的側面があります。ですからトークショーで私を侮辱する人がいたら、その人を訴えることもできます。

一方アメリカのソーシャルメディアでは、このような組織的制御がまったく機能しないのです。ネット上で誰かに中傷されても自己防衛の術《すべ》がありません。それはとりわけソーシャルメディアを過剰に使用している若者たちに深刻な影響を及ぼします。

端的にいうと、アメリカのソーシャルメディアは自由民主主義を弱体化させる危険なドラッグなのです。自由民主主義の失墜とソーシャルメディアの台頭には相関関係があるだけでなく、ソーシャルメディアが民主主義の破滅をもたらす主因だと思っています。

SNSは、本人が望まない自己を押し付けている

ソーシャルメディアの問題は、人を変えてしまうことです。ソーシャルメディアで人の行動が変わるということは、ソーシャルメディアが我々に自己を与えているということです。しかしフェイスブックに私が何者であるかを決める権限などありません。とんでもないことです。そんなことに時間を費やすよりも、ソフォクレスやシェークスピアの作品を読んだり、友人と話をする方がよっぽどいい。

私がいっているのは、元の自己があって、ソーシャルメディア上に歪んだ自己があるということではありません。その反対で、ソーシャルメディアは人に、本人が望まない自己を押し付けているということです。しかもそのプロセスが不透明なのです。ソーシャルメディアは人に新たなアイデンティティを売り付けて大儲けしているのです。

因みに、「元の自己など存在しない」ということは、すでにソクラテスが言及しています。彼は「自分は何も知らないことを知っている」と言ったことで有名で、そのために賢人中の賢人といわれています。しかし、後者のギリシャ語の意味は、「自分は何も知らない自分を認識

している」ということなのです。これは「自分は何も知らないことを知っている」とはまったく違います。ソクラテスは自己認識のことを言っていたのです。自分に確固たる本質があるという観念から脱却しなければならないという考え方は、仏教その他の宗教にも見られます。

アイデンティティ・ポリティクスにも同様の特徴がありますが、ソーシャルメディアは自分がもともと持っていなかったアイデンティティを押し付けてくるのです。あなたはアフリカ系アメリカ人だとか白人だとか、左翼だとか右翼だとか、若いとか歳をとっているとか、環境派だとかそうでないだとかを勝手に決め付けます。自分になかったアイデンティティを創り出すのですが、それは幻想に過ぎません。

こうしてアイデンティティを押し付けられると、人は誤った自己概念に基づいて行動するようになります。私は、「確固たる自己がある」という考えを捨てることが自己を見つけることだという仏教の考えに賛同します。私という人間は極めて複雑なプロセスの塊なのです。

パンデミックの最中、私はすべてのSNSのアカウントを削除した

最近、若い日本人の女子プロレスラーがＳＮＳでの誹謗中傷《ひぼうちゅうしょう》が原因で自殺したと聞きました[1]。どんな対策を講じても、このようなサイバーいじめはなくなりません。ＳＮＳが生み

出すストレスは、日本でも相変わらず大きな問題のようですね。

私たちは本当にデジタル・デトックス（解毒）を始める必要があると思います。そのプロセスを魅力的な観光旅行のようにすれば良いのです。富士山の近くなどで3週間過ごし、その間美味しい食事をして、ネットには一切接続しない。それが第一のステップです。

パンデミックの最中、私はすべてのソーシャルメディアのアカウントを削除しました。フェイスブックやツイッターのアカウントを持っていたのですが、パンデミックが発生すると、ただちにこれらをすべてキャンセルしたのです。

驚いたことに、何の不自由もありませんでした。例えばフェイスブックでアメリカ人の友人とコミュニケーションが取れないのは困るだろうと思ったのですが、そんなこともなかった。麻薬はやめたら離脱症状が現れますが、ソーシャルメディアはやめてもちっとも困りませんでした。

ですからソーシャルメディアの利用は最低限にとどめることをお勧めします。フェイスブックのサービスの一部は維持しても良いでしょう。友達の近況を知ったり、写真をシェアしたり、他の人と交流することには何ら問題ありません。LinkedIn などはビジネスにも利用価値があるでしょう。ソーシャルメディアには便利な面もたくさんあるのです。

一方、ソーシャルメディア上ですべきでないこともあります。政治的な議論や、哲学的・科学的議論はすべきではありません。本当の議論にはならないからです。政治的な議論は、もっと時間をかけてすべきものです。書面形式でするか、人と人が対面してすべきです。書面形式とは、本のように、優良な出版社が品質管理できる形式が望ましいという意味であって、検閲するためではありません。ソーシャルメディアではうまくいかないのです。

あるいは、非常に斬新なアイディアとして、新たなソーシャルメディアを作ることを提案します。今あるソーシャルメディアの問題点がわかっているのですから、それよりも優れたソーシャルメディアを作ったら良いのです。

新たなソーシャル・ネットワークを作ることは良いビジネスになると思います。民主的で倫理的なオンラインのプラットフォームを作れたとします。私のアイディアは、それをアゴラ（古代ギリシャの広場）と呼び、アイディアの市場にすることです。アゴラにかけて「Egora（E－ゴラ）」という洒落た名前をつけてはどうでしょう。E－ゴラは民主的行動を培う場です。そこでは人を侮辱することは許されないので、友達を作ることができます。このプラットフォームを収益化しても良いのです。「ナッジ」を良い目的のために利用してはどうでしょう？

2　日本人特有のコミュニケーション

日本人はなぜ先進国の中で最も孤立しているのか

日本人は先進国の中で最も社会的に孤立しているというデータがあるそうですね（ミシガン大学による「世界価値観調査」）。社会的に孤立するとは、家族、友人、同僚以外の人と会う機会が少ないということです。

日本人を含むアジア人は共同体を、ヨーロッパ人は個を尊重するという悪しきステレオタイプがありますが、この調査結果は、このステレオタイプを否定する社会学的証拠になり得ます。

データによるとドイツは全体で下位から5位、ヨーロッパ全体だと同じく4位のようですね。実際、ドイツ人は（日本人よりも）群れで行動する傾向があると思うのです。ドイツ社会では、人と一緒にお酒を飲んだり、散歩をしたりすることが非常に重要な役割を果たして

先進諸国における社会的孤立の状況

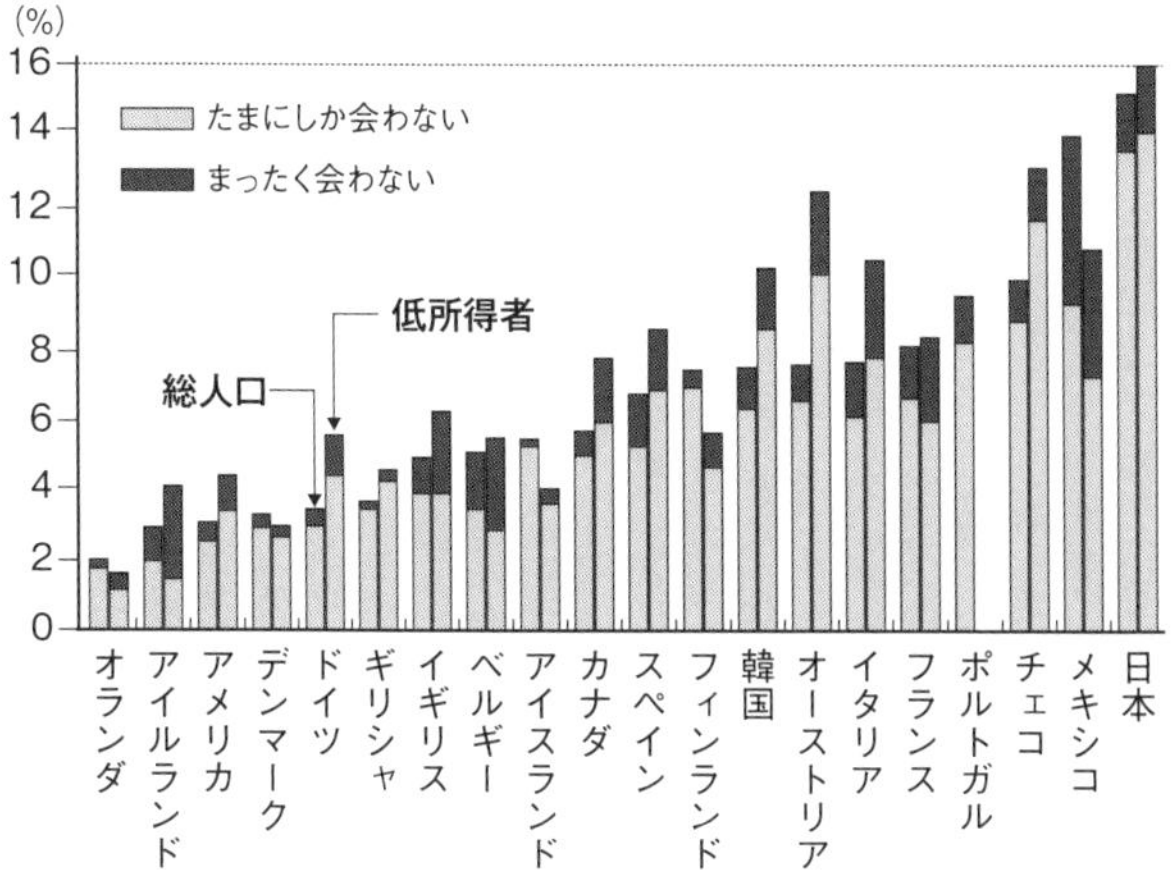

（注）この主観的な孤立の測定は、社交のために友人、同僚または家族以外の者と、まったくあるいはごくたまにしか会わないと示した回答者の割合をいう。図における国の並びは社会的孤立の割合の昇順である。低所得者とは、回答者により報告された、所得分布下位3分の1に位置するものである。

（出典）World Values Survey 2001

（出所）OECD編著『世界の社会政策の動向』、井原辰雄訳、明石書店、2005年

います。これをドイツ語では散歩を意味するSpaziergangと呼びます。このような文化はドイツ全土に見られます。

また、ドイツ人のソーシャルメディアに対する態度は、日本人とはまったく異なります。ドイツ人が人との直接の社会的接触を、デジタルな接触に置き換えることは非常に稀です。

一方、日本では様々な理由でデジタルな交流がずっと普及していると認識しています。その原因の一つは、東京の住環境と人口の多さでしょう。ある基準

によれば、東京は狭い面積に人がひしめく世界一の大都市であるわけです。このような状況が人を孤立化させています。また、日本はおそらく最もデジタルなインフラに対する批判が少ない国だと思います。中国でもデジタル化が進んでいますが、監視国家が国民にデジタル化を強制しているのであって、国民が自ら望んでいるわけではありません。ところが日本と韓国、特に日本は、常にサイバー独裁の最先端を行っていたのです。

２０１２年か２０１３年に、私が初めて日本を訪れたときに最初に感じたことがこれです。「なんということだ、この国は完全なサイバー独裁だ！」と思ったのです。すべての人が完全に携帯電話に支配され、行動を統制されている。たとえ偶然であっても、他人の体に一切触れてはならないというルールがあるように感じられました。

意見の対立をどう解消させるか

日本人のコミュニケーションの特異な点を、もう一つ挙げましょう。日本人は互いに意見が対立したとき、他の地域とはずいぶん異なるやり方でマネジメントします。対立の合理的な解消のプロセスや本物のディベートを導入する余地は、もっとあるはずです。日本人の一般的な生活の中に、そういったものを増やすべきだと思うのです。対立を避けようとするのではなく、むしろ対立を増やす、対立にさらされる機会を増やすべきです。そして、しっかりディベートを行うのです。

ユルゲン・ハーバーマス[2]の社会論に、大変いいアイディアがあります。冷静にディベートをしたかったら、ディベートの時間・空間をきちんと設定するべきだというのです。スペースがあれば、対立が起きても完全に個人的な対立にはなりません。物騒な衝突に発展するかもしれないような重要な問題も、冷静に語り合う力強いディベートが必要です。

それには、クラブやメディア、会議、イベントなど、何らかのプラットフォームが必要になります。正反対の意見を持つ二人の人間が同じスペース内で怒声を浴びせ合うのではなく、相反する提案を掲げる二人が、どちらが正しいのかを決めるための対話に入る、そういう理由でディベートは行われるべきです。哲学のディベートは、まさにそのようにして行われます。

私は今、現代の最も興味深く最も素晴らしい論理学者の一人である、グレアム・プリースト[3]（ニューヨーク市立大学特別教授）と共著を作っており、プリーストはドイツに一ヶ月滞在していました。もし我々二人が、「相手が論理のレベルで何か間違いを犯した」と互いに思ったら、我々の間には対立が生まれます。私は反論するでしょうし、彼も反論してくるでしょう。プリーストが「お前は間違っている」と言い、私は「お前こそ間違っている」と言い返す。でも我々は科学者、哲学者です。そうやって怒鳴り合う代わりに、二人で椅子に腰かけてこうやって話すことができるでしょう。「さて、君は何と言った？　なぜそう思ったんだい？　その意見を裏付けるものは？　君が間違いを犯したと僕が思うのは、こういう理由からだよ。裏付けはこうだ」。

それから賛否をリスト化して、最後にそれを二人で眺め、合理的な根拠を検討するのです。そのようにして導き出される結論は、お互いの妥協点のどこかに落ち着くでしょう。彼の信じることには私の見解より優れたところがあるでしょうし、私の信じることにも彼の見解より優れたところがあるだろうからです。それを統合したら、よりよい信念のシステムが生まれます。これが哲学的なディベートの仕組みです。

もし議論がただの反論になってしまったら——例えば「あなたみたいな人たちは、いつも同じことを言う」——こんな言葉は、ディベートの場で出すべきではありません。「あなたみたいな人たち」という時点で、お話にならない。こうしたやり取りは、すべてロジカルな議論の基本法則に基づいて行われなければなりません。人格攻撃論法は許されるべきではない。人格攻撃というのは、「お前が言うことは間違いだ。なぜならお前が言うからだ」という考え方ですが、それが正しいことは決してありません。ただの誤謬です。

3　ドイツ人とニューヨーカーのコミュニケーション

ドイツは「一緒にビールを飲むこと」を軸にした社会

私はパンデミックが起きてから定期的にベルリンに出かけていますが、ベルリンではロックダウンは行われませんでした。表向きにはロックダウンを実施したと言っているのですが、その最中にベルリンを訪れたときはまるでウッドストック[4]のようでした（笑）。いい加減なロックダウンで、人々は普通に外を歩いていました。ベルリンに行かれたらわかりますが（私はつい先週末訪れたのですが）、「パーティーシティ（楽しむことが大好きな街）」です。以前よりはマスクをしている人が多くなりましたが、そのくらいです。

ドイツ社会は、オクトーバーフェスト[5]などに象徴されるように、人が集まって一緒にビールを飲むことを軸にした社会なのです。それはドイツにとって、とても大事な習慣です。日本人も夜は仲間と一緒に飲みに行くでしょうが、ドイツ人にはもっと余暇があります。ドイツ人は週5日働きますが、週末は働かずに自由に過ごすことを非常に大切にしています。

このように、よく見ると真実はステレオタイプの逆で、ヨーロッパ人が共同体を大事にし、アジア人が孤立しているのかもしれません。

そのような意味では、ドイツの方が日本よりも早く集団免疫を達成するかもしれません。ドイツは密かに一定の速度で集団免疫に向かおうとしているのだと思います。問題は、どのくらいの速さで集団免疫に到達するのが経済にとって最も良いのかという点です。現時点ではまだ答えはわかりませんが、いずれわかるでしょう。

ニューヨーカーのコミュニケーション

私はしばらくニューヨークに住んでいた時期がありますが、ニューヨークはまた別の意味で市民がよく群れを作る都市でした。

ニューヨーカーは料理をしないので、レストランでよく人と会います。アメリカ人は本当に料理をしません。キッチンが悪いので、できないのでしょう。私は料理は普通にできますが、アメリカでは料理しようと思ってもできないのです。ドイツよりも食品も劣ります。見方によっては、すべてが劣っているのです。ですからアメリカの食生活については、あまり良い思い出がありません。

とにかく、アメリカ人はよくレストランで人と会うのですが、ニューヨーカーは特にその傾向が強い。そのためにニューヨークは特別ウイルスの被害が大きかったのだと思います。レストランのように、狭く、混雑していて空気が悪い環境は、多くの人への感染を引き起こすスーパースプレッダーになる危険が大きいのです。ニューヨークは「スーパースプレッダー都市」だったのです。

ニューヨーカーは群れをなして行動するという意味で、非常に社交的です。ニューヨークでは、どこに行っても人の群れしか存在しません。レストランにも、地下鉄にも、ジムにも、人の群れです。家は小さく、外では人と触れ合ってばかりです。ニューヨーカーはよくハグしたりして人に触れます。ですからニューヨークで、このように重い病気を引き起こすウイルスが蔓延し、健康被害が起きたのは当然なのです。

一方で、アメリカ人には大変非社交的な面もあります。人としょっちゅう会って話はするのですが、表面的な付き合いばかりです。アメリカ人と友達になるにはとても長い時間がかかります。10年はかかるでしょう。アメリカ人は人を決して信用しません。

一方、ヨーロッパ人は2ヶ月で友達になれます。アメリカ人はソーシャル・ネットワークでたくさんの人とつながってはいますが、そのつながりは非常に弱いものだと思います。アメリカでは、人とのつながりの量が重視されていますが、ここドイツでは人とのつながり方がとても強いのです。

日本における社会的なつながりが本当に弱いのか、私はまだ実感としてはわかりませんが、しかしヨーロッパ人としては、少なくともアメリカでは社会的なつながりはとても弱いと感じています。

4 これからの共同体と「孤独」の形

共同体主義がネオリベラリズムに取って代わる時代が来る

先週末ベルリンで、進歩的な素晴らしいホテルに滞在しました。ミヒェルベルガー・ホテルです。今、世界最高のホテルの一つで、オーガニックの地元食材を使ったレストランや、プライベート・サウナ付きのユニークな個室のある、とても面白いホテルです。ベルリンに行かれたらぜひ訪れてみてください。きっと感心されると思います。独自のワインも作っていて、私がこれまでに見た中で最高のホテルです。

「ミヒェルベルガー」というのはオーナーの名前で、彼とはすっかり親しくなりました。先週末行ったのは、いわゆる「ファイヤーサイド・チャット（炉辺《ろへん》談話）」というもので、本当に暖炉に火をくべたのです。40人を招いて、ホテルの屋外スペースで、衛生に配慮して行いました。集まったのは、ドイツのサッカー界のハイクラスの人やビジネスマン、芸術家、哲学者、若い活動家などでした。このメンバーで、様々な形のコミュニティを形成することに取り組んだのです。ルールは特になく、例えば啓蒙主義についてのコミュニティを作っていくという高度な活動でした。

規則もプログラムもなく、40人がただ自由に参加しました。複数の部屋にフリップ・チャートを配置して、何をしても良いことになっていました。その結果、様々な形態のコミュニティが形成され、最後に若い活動家たちが劇を上演したのです。自然な会話のような劇だったので、最初は芸術作品だとは気づきませんでした。

彼らが示したかったのは、社会的権力を持つ参加者と、若い彼らの間に対称性（シンメトリー）があるということでした。彼らは劇を上演することでみんなに反省を促し、それによってコミュニティ意識が高まりました。それがこの試みの目的だったのです。

この例のように、ドイツは今、個人間のコミュニティを早急に作ろうとしています。そしてこれを「連帯（solidarität）」という言葉で表現しています。その結果、共同体主義が間違いなくネオリベラリズムに取って代わるでしょう。ヨーロッパではすでに政治的自由主義から共同体主義への移行が見られます。私もコミュニティ形成に強制的に参加させられており、逃げることができません（笑）。逃げられるものなら逃げますが、不可能なのです。

「一人でいること」と「孤独」を区別する

前項で触れたベルリンでの集まりの参加者の中に、ローマクラブ[6]に所属するシュテファン・ブリュンユーバーという有名な精神科医がいました。彼は、「一人でいること」と「孤独」を区別していました。孤独は人に会いたいのに会えない状態を指し、痛みを伴います。しかし一人でいること自体には何の問題もありません。例えば私が一人で本を読むのはごく普通のことです。

ブリュンユーバーは、一人でいながらも孤独に陥らないことを学ぶために、エジプトの砂漠で2年間隠遁生活を送りました。2年間誰とも会わず、誰とも話をしなかったのです。想像しただけで恐ろしいでしょう？　しかし彼はこの経験を通して自分の精神状態を理解し、以前よりも優れた精神科医になりました。

エジプトの砂漠には、このような暮らしをしているコミュニティがあるのです。ラザルス神父というオーストラリア人が主導しています。ラザルスは元々ビジネスマンだったと聞いていますが、具体的に何をしていたのかは知りません。彼に関するBBCのドキュメンタリーを見たのですが、2000年前の慣行に従って暮らしている本当の隠修士[7]がいるのです。

一方、ソーシャル・ディスタンスによる孤独は、病的なものだと思います。ドイツがロックダウンを再実施しない理由の一つは、孤独が病的だからです。

ちょうど今日のニュースで、メルケルとドイツ各州の首相が、50人以下の集会を認めると決めたと報道されていました。ロックダウンは実施せず、50人までなら集まれるのです。

50人、あるいは25人というのは、コミュニティの形成に最適な人数だと思います。そういった意味で、ドイツは積極的にコミュニティの形成に取り組んでいるのかもしれません。25人の集団ならば、民主的に組織化することができます。このようなグループがたくさんできれば、民主主義が強化されるかもしれません。これはドイツにとってとても良い戦略かもしれません。

ただ現実問題として、エジプトで隠遁生活を過ごすというのは誰でもできることではありません。これから平均年齢がどんどん延びて、孤独なお年寄りが増えたなら、膨大な時間をどのようにして過ごすのかという問題があります。

お年寄りは、直感に従うことがとりわけ大事です。アリストテレスは「人は生まれつき知ることを欲する」と言いました。一般的に人には好奇心があるので、その好奇心を追求したら良いのです。身体は老いますが、だからといって精神も老いる必要はないのです。老いは誰にも訪れますが、歳をとっても若者のような気持ちで生きることは可能なのです。鏡を見たり昔の写真を見て、10年前とは違う自分にびっくりすることもあるでしょう。しかし気持ちが若ければ、まだ若いのです。外見は関係ありません。

お年寄りは、自分が興味を持っていることを忘れてはいけません。関心のあることをどんどんやってみたら良いのではないでしょうか。例えばチェスをしたり、外国語を勉強するのも良いでしょう。昔から学んでみたいと思っていた言語があれば、本を買って、学んだらいかがでしょうか。

【注】

1 2020年5月、プロレスラー木村花さん（22）が自殺。SNSに、テレビのリアリティ番組における自身の言動を非難する投稿が殺到したことが原因とされている。

2 **ユルゲン・ハーバーマス**（1929－）ドイツの哲学者。理性には生に従属する道具的理性だけではなく、コミュニケーション理性もあると考え、討議によって社会を変えるプロセスを提唱した。主著に『コミュニケイション的行為の理論』など。

3 **グレアム・プリースト**（1948－）専門は、論理学、形而上学、西洋および東洋哲学史。実在しない存在者を認める新マイノング主義の立場に立つ。主著に『存在しないものに向かって』がある。

4 **ウッドストック** 1969年の夏に、伝説的な大規模な野外コンサートがニューヨーク州ウッドストックで開催された。

5 **オクトーバーフェスト** 毎年秋にミュンヘンで行われる世界最大規模の祭り。

6 **ローマクラブ** 1969年に設立された民間のシンクタンク。72年に「成長の限界」と題するレポートを発表したことで有名。

7 **隠修士** 初期キリスト教の修道士。修道会が成立する前に、社会から離れて生活を神に捧げたキリスト教信者。

ハイデガーが犯した過ち

「自己認識には間違いが生じる余地はない」

マルティン・ハイデガー（1889―1976）が過ちを犯したことは明らかです。彼には倫理観がありませんでした。

彼は私と同じ実存主義者でしたが、私よりももっと実存主義に傾倒していました。彼が『存在と時間』で犯した間違いは、人間の自己概念は正しくもなければ間違ってもいないと考えたことです。例えば、私が自分には不滅の魂があると信じていたとしても、ハイデガーは間違ってはいないと考えました。つまり自己認識には間違いが生じる余地はないと考えたのです。それはそもそもアイデンティティが存在しないと考えたためです。

人は自己について間違った認識を持ちようがない、自己に対して幻想を抱きようがないと考えたため、彼自身が幻想に囚われたのです。幻想がないと考えること自体が幻想なのです。このようにハイデガーは二重の幻想に囚われていました。

さらにハイデガーは、人は自分が何者であるかを決定し、どんな存在にもなれるとした上で、人を客観的に評価する基準、特に倫理的な基準は存在しないと考えました。例えば、誰かがヒトラーのようになりたいと思ったとしても、ハイデガーは、その人は倫理的な間違いを犯してはいない、ということになります。ヒトラーはただヒトラーであるだけで、ハイデガーはただハイデガーであるだけだと。ハイデガーによれば、ヒトラーのようになること自体は何ら間違いではないのです。

私は当然それは間違いだ、つまりヒトラーになることは重大な過ちだと考えています。ヒトラーの政策の犠牲者たちだけでなく、ヒトラー自身にとっても、酷い過ちなのです。しかしハイデガーの世界では、過ちが生じる余地はありません。

『存在と時間』において、彼は本来性（authenticity）と非本来性（inauthenticity）を区別しており、それは一見正誤の基準のように見えます。

しかしハイデガーは非本来性の条件を明らかにしていないのです。彼が挙げた唯一の基準は、他のすべての人が行っているからという理由で、それと同じことをするのは非本来的だというものです。例えば、他のすべての人が新聞を読んでいるからという理由で、新聞を読むのは非本来的だということになります。それでは逆に、本来的とはどういうことなのでしょう？「読みたいから新聞を読む」ことが本来的であるのかもしれません。

ここに問題があることがおわかりでしょう。すべての人がナチ党に加入したから自分も加入したとすれば、それは非本来的である。しかしナチ党の創始者は、真のナチであり、本来的だということになる。つまりハイデガーはヒトラーに対しては何の異論もないわけです。それこそが問題なのです。彼は具体的にヒトラーを擁護しようとしたわけではありませんが、糾弾《きゅうだん》することも一切ありませんでした。

反共産主義、反民主主義だったハイデガー

ハイデガーは政治的に騙されやすく、あらゆるプロパガンダを鵜呑みにしました。彼はナチスに投票した他のドイツ人同様、ドイツが共産主義に脅かされていると信じ込んでいました。ハイデガーは反ユダヤ主義者でもありましたが、ほとんどのナチと同様に、彼の最大の関心事は共産主義でした。

ハイデガーは反共産主義であり、反民主主義でもありました。彼は明らかに哲学の天才であり、それを自覚していました。仮に、自分がハイデガーやプラトン、あるいはヘーゲルであったとしましょう。そして、自分の偉大さを認識していたとします。つまりヘーゲルであるばかりでなく、ヘーゲルであることを自覚していたとします。自分は哲学の天才だと自覚していたとしたら、人はどうすると思いますか？　偉大な哲学者は「国民の統治に関わるべきだ」と考える傾向が強く、ハイデガーはまさにそう思っていました。

しかしそれは間違いです。哲学者にはある種の先見性はありますが、政治家でもなければ、政治的な技術があるわけでもありません。ハイデガーは自分にそのような技術があると思い込み、自分は偉大な存在であると妄想し始めました。彼の代表的作品である『存在と時間』の核心に、哲学的誤りがあったことになります。

ハイデガーには反ユダヤ主義者で[8]、極め付きの人種差別主義者の妻がいました。その一方で、彼はハンナ・アーレントと愛人関係にありました。ハイデガーの心理を物語っているでしょう？　反ユダヤ主義の妻がいながら、ユダヤ人の愛人もいた。複雑な家庭のストーリーです。いずれにしても、ハイデガーは完全なナチでした。

【注】

8　**ハンナ・アーレント**（1906－1975）　ドイツ出身のユダヤ人。ハイデルベルク大学でヤスパースとハイデガーから哲学を学ぶ。ナチス政権成立後はパリ、さらにアメリカに亡命。『全体主義の起源』でナチズム、ソ連共産主義といった全体主義の構造を研究。

第Ⅳ章

新たな経済活動のつながり——倫理資本主義の未来

1 浸透する倫理資本主義

私が関与しているプロジェクト

先ほど取り上げたミヒェルベルガー・ホテルは、完全に倫理的であるがゆえに成功しているホテルです。オーガニックの食材だけを使い、ジムの代わりに瞑想室があり、毎朝瞑想のセッションが開催されています。ヨガクラスも毎朝ありますが、スポーツヨガではなく、ゆっくりしたヨガです。ストレスが一切ないのです。

その上、社会啓発セミナーも提供しています。このホテルはパンデミックが起きた後も一度も閉鎖せずに営業を続けてきました。とてもうまくやっています。一方、ベルリンの中心部にあるソフィテルは五つ星の高級ホテルですが、倒産の危機に瀕していると聞きました。他にも同じような運命のホテルがベルリンにはたくさんあります。今はビジネスマンの海外出張がないからです。

ミヒェルベルガー・ホテルのように、倫理的であるがゆえに成功している企業は数多くあります。こうした企業は倫理資本主義の象徴といえる存在です。

他の例も挙げてみましょう。エルク・リックマースは、ドイツ最大の船会社の経営者です。彼が経営するE・R・キャピタル・ホールディングは、180隻もの石油輸送船などの大型船を販売した会社で、現在慈善事業を行っています。パンデミックの最中にはワクチン産業にも投資し、莫大な富をさらに増やしました。彼の個人資産は何億ドル単位にのぼりますが、世間のためになる事業に投資することによって、さらに資産を増加させたのです。

リックマースはワクチンの他に、哲学者にも投資しました。「ニュー・インスティテュート（New Institute）」という新しい研究所を設立したのです。私はこのインスティテュートに1年間在籍する予定です。そして彼は、ハンブルクの一等地のあるストリート沿いに、政治家や学者が集まってビジネスや法制度について話し合うための場を設けようとしています。集合住宅、レストラン、庭園、ミーティングルームなどが作られる予定です。

もう一つ例を挙げましょう。私が最近一緒に仕事を始めたHPPという建築会社です。ホームページはHPP.comです。大きな会社ですが、近々私はこの会社と一緒に、投資家と会うことになっています。私たちの構想は、先ほどのベルリンのホテルのように、完全に持続可能な地方観光業をドイツ全土に立ち上げることです。ドイツ人はもう観光のために国外に行かなくてもよくなります。

ＥＵでは、オーバーツーリズム（観光過剰）が倫理問題になっています。過剰な観光はスペインやフランス、イタリアの一部を破壊しました。こんなことを望んでいる人は、誰一人いません。それならば地方観光の新しい形態を考案して、小規模の都市を建設したら良いのではないでしょうか。私たちが考えているのは、ホテルを中心に街を作り、街全体でホテルのような暮らしができるようにすることです。

これらは私が関与しているプロジェクトの一部です。今挙げたような企業やビジネスモデルはこれから増えていくでしょう。

クリスチャン・マスビアウらの活動

私はセールスフォースやグーグルの倫理部門でも仕事をしています。これらの倫理部門が生まれた背景はいくつかありましたが、一人大きな影響力を持つ人がいました。クリスチャン・マスビアウ[1]という哲学者です。日本でも有名なのでご存知かもしれません。

彼はＲｅＤアソシエーツという会社を運営し、大きな成功を収めています。私も訪れたことがありますが、彼のオフィスはマンハッタンの金融街にある、かつてJ・D・ロックフェラーのオフィスだった場所です。

彼の主な顧客はソーシャルメディアの大企業ですが、レゴもそうです。突然レゴ・ムービーが流行ったことを覚えていますか？　レゴが映画を作るべきだというアイディアを思いついたのは彼なのです。彼はユニークなビジネスアイディアを持っている上、哲学者としても優れており、今はとても裕福です。

彼は倫理資本主義の良い例です。マスビアウは私が出演したＮＨＫの番組、「欲望の時代の哲学２０２０～マルクス・ガブリエルＮＹ思索ドキュメント」にも登場しました。私たちが、彼のオフィスで面会したのです。

さらにアメリカでの動きについて例を挙げると、ビリオネア（個人資産が10億通貨単位以上）のニコラス・ベルグルーエンがロサンゼルスにベルグルーエン・インスティテュート[2]（Berggruen Institute）というものを作ったのですが、この研究所も様々な試みを行っています。私が提案しているようなことを彼もやろうとしているのです。

来週私はハンブルク市長とファーウェイのドイツ支社長と会う予定なのですが、その場にはグーグルドイツの社長も参加して、デジタル時代の倫理について話し合うことになっています。

その次の週にはセールスフォースとＢＭＷとの討論会があります。さらに世界経済フォーラムともオンライン会議で話し合うことになっています。私の意見に耳を傾けてくれる人々がいるということです。もちろん今後どうなるかはわかりませんが、真面目に私の話を聞き、新しいことを始める用意のある人たちが存在するのです。倫理資本主義を取り入れるべきであるという私の主張について、彼らをどう説得するか、それが目下の課題です。

「新しい啓蒙」の取り組み

もう一つ、私が関わっているプロジェクトに、私が「新しい啓蒙」（New enlightenment）と呼んでいるものがあります。ヨーロッパだけでなく、世界全体で共同体を作るためのプロジェクトです。

「新しい啓蒙」とは、科学、人文学、政治、ビジネスが、最も崇高な目標のために協力し合うという考え方です。最も崇高な目標とは、地球上の人類や動物の健全性と持続可能性であって、ビジネスを含む我々の行動のすべてが、これを目指さなければならないという考えです。

これまでは、このような試みはありませんでした。理性的な目標のように見えますが、このようなプロジェクトに取り組んだ社会はこれまでにありません。だから新しいアイディアなのです。いかにも古いアイディアのように見えますが、よく見ると急進的なアイディアなのです。私はドイツで２０２０年に発売された新著『暗黒の時代における倫理的進歩』で、これを「新しい啓蒙」と呼んでいます。この本は現在ドイツでベストセラーになっています。

「新しい啓蒙」の根底にあるのは、全世界共通の普遍的な倫理性です。世界中のすべての人が、一緒にパンデミックに立ち向かうべきです。それ以外に方法がないこともわかっています。例えば、ワクチンの配布の仕方について考えてみれば、そのことは明白です。

2 なぜ今、倫理資本主義なのか

「中国に民主化してほしくない」というパラドックス

なぜ現在、倫理資本主義への関心が高まっているのでしょうか。それは、人は自分の消費行動によって、世界のどこかで子供たちが死ななければならないような状況が嫌だからです。

例えば、あるブランドの高級バッグを買うことで、間接的に殺人に加担している可能性があることを考えてみてください。そのブランドの企業が直接人を殺しているわけではありませんが、サプライチェーンに見られる不均衡な関係が、意図せぬ副作用としてアフリカの水質を劣化させているのです。我々の消費行動と水質汚染には関係があるのです。

また、我々の消費行動は、中国の悲惨な工場とも関係があります。我々は中国を批判する一方で、中国の人々に劣悪な環境を押し付けているのです。中国の工員は悲惨な人生を送っています。私たちの生活は中国の共産主義独裁体制に支えられているのです。「中国はもっと民主化すべきだ」という主張は、実は我々にとっては都合の悪いプロパガンダなのです。中国がもし民主化したら、消費財を十分に手に入れられなくなります。つまり実際は中国に民主化してほしくないというパラドックスがあるのです。だからこそ我々は中国と対話しようとしないのです。我々は中国を共産党独裁だと非難しながら、その裏では、中国に我々のために商品を生産させているのです。

こうして見ると、今の状況が望ましいと思う人はいないでしょう。中国の工員たちが工場に住み込みで一日18時間働き、一握りの米しか食べられず、家族にも会えず、場合によっては殴られたりするような状況を、私も望みません。こんな人生を送っている人がいる世界では暮らしたくありません。

強制収容所がある世界にも住みたくありません。それがドイツにあろうと、北朝鮮にあろうと、関係ありません。この世に強制収容所が存在すること自体が問題なのです。倫理的洞察とはこういうことです。誰に聞いても、「中国人がもっと死ねばいい」などとは言わないでしょう。人類が倫理的な基準に則して生きられる世界が必要なのです。

倫理資本主義の未来

21世紀は倫理資本主義の時代です。私の売り込み文句は、世界で最初に持続可能で、かつ倫理的な資本主義体制を作った国が、21世紀で最も豊かなスーパーパワーになるだろうということです。

ヨーロッパは、現在の地政学的環境の中で、すでにそれに近いことをしています。ドイツではこれを社会資本主義、社会市場経済と呼んでいますが、実は憲法に明記されているのです。その点でアメリカの資本主義とはすでにまったく異質なのです。

しかしドイツでも社会資本主義のアップデート、いわばソーシャル・キャピタリズム2・0が必要です。それは倫理資本主義のことですが、これをグローバルに展開しなければなりません。グローバルな倫理資本主義をプロデュースできたら、大金を得られますよ。それでフェイスブックに勝つのです。

今後倫理資本主義がさらに進化して、どの企業にも哲学課ができると良いと思います。ちょうど現在、どの企業にも経理課があるように。会計士のいないビジネスなどあり得ません。想像できないでしょう。同様に、哲学者がいなければビジネスが成り立たない未来を想像してみてください。倫理規定があって、倫理学者、哲学者、人文学の教授などを雇い、毎日仕事をしてもらうのです。

彼らには経営会議に参加してもらい、会計士に意見を聞くように、彼らの意見も聞きます。「哲学者の観点から、このアイディアは良いアイディアだと思いますか？」と聞くわけです。彼らが「いいえ」と言えば、みんながそれはダメなアイディアだと了解します。会計士に「税金の観点から、このアイディアをどう思いますか？」と聞いたとき、彼がダメだと言えばそれはダメだと納得するのと同じです。

そうすれば企業は進歩します。それは哲学者が優れたビジネスマンだからではなく、哲学がビジネスにとって良いものだからです。税理士を雇うのも、彼らが優れたビジネスマンだからではないでしょう。CEOと会計士は違います。しかし会計士がいなかったら、CEOは仕事ができません。哲学課も会社に不可欠なものだと思います。これがあれば、倫理資本主義が実現可能です。

【注】

1 **クリスチャン・マスビアウ** ＲｅＤアソシエーツ創業者。ＲｅＤは人間科学を基盤とした戦略コンサルティング会社として、文化人類学、社会学、歴史学、哲学の専門家を揃えている。

2 **ベルグルーエン・インスティテュート** 大富豪ニコラス・ベルグルーエンが２０１０年に設立。「政治的、社会的制度を再構築するための基本的なアイディアを生み出すために設立された」（同研究所ホームページより）。

ハイデガーの作品には善への言及がない

165ページのコラムに続いて、マルティン・ハイデガーの功罪について述べたいと思います。

ハイデガーは1933年にナチスに入党しました。

我々がもし1933年当時に生きていたら、どう行動しただろうかと想像するのは難しいことです。私は自分がナチになっていなかったことを願います。現在の自分を見ると、ナチになったとは極めて考えにくいのですが、我々は国家社会主義が終焉した時代に生きているので、当時どうすれば間違いを犯さずに済んだかはわかりません。

いずれにせよ、善の概念を持たずに哲学をすることは不可能です。ハイデガーには悪の概念しかありませんでした。彼の作品には善への言及が一切ありません。悪についてしか書いておらず、悪にだけ興味を持っていたのです。しかし我々は善に関心を持つべきです。そうではありませんか?

私は哲学者として、自分の考えを人類のために活かしたいと思って政治に関わるようになりましたが、私もおそらく間違いを犯すことでしょう。私は預言者でもキリストでもなく、ただの人間であり、過ちを犯すことを免れ得ません。

それでもハイデガーが人類の進歩に貢献した面もあります。

ハイデガーは文章の読み方を教えてくれました。彼は新しい解釈学を生んだのです。哲学史を古代から現在まで読み直して再解釈して、我々を偏見から解放してくれました。

そのおかげで、ハイデガーの教え子たちは最も進歩的な政治思想家になっています。ハンナ・アーレントは20世紀最高の政治哲学者かもしれませんし、他にはエマニュエル・レヴィナス[3]、ジャック・デリダ、ハンス・ヨナス（１９０３－１９９３）らがいます。ヨナスはハイデガーの弟子で、１９７９年の『責任という原理』で環境倫理を提唱しました。このように、ハイデガーの門下から最高の倫理学者が出ています。

優れた倫理学者で、まだ存命のエルンスト・トゥーゲントハット（１９３０－）という人もいます。とても裕福なユダヤ人の思想家で、ナチスの台頭を見てドイツから逃れましたが、戦後ハイデガーに師事するため祖国に戻りました。その後ドイツ最高の哲学者の一人となり、ベネズエラに住んでいたこともありました。すでに90歳ですが、今でも倫理に関して素晴らしい本を書いています。

ハイデガー学派は、20世紀で最高の倫理学を生み出しましたが、それは皮肉にもハイデガー自身が倫理学を生み出さなかったからだといえます。彼は後進が活躍できる空間を切り開きました。優れた倫理学者が誕生するためには、残念ながらハイデガーという人物が必要だったのです。しかしハイデガーはゲッベルス[4]とは違います。ゲッベルスは人類の進歩に一切貢献せず、優れた弟子もいなければ、誰にも良い影響を与えませんでした。

【注】

3 **エマニュエル・レヴィナス**（1906－1995）　フランスの哲学者。フライブルク大学でフッサールとハイデガーに学ぶ。全体主義やそれに対抗する「無限」について語った『全体性と無限』が代表作。

4 **ヨーゼフ・ゲッベルス**（1897－1945）　ドイツの政治家。ナチ党政権下で国民啓蒙・宣伝大臣を務めた。

第Ⅴ章

個人の生のあり方

1　新実存主義の人間観

物理的に実在するものは私ではない

最終章に当たって、改めて人類とは何かということについて取り上げてみたいと思います。私が「新実存主義」（Neo-Existentialism）と呼ぶ立場に基づいて考えてみましょう。

人類は自分が何者かという概念を規定して、それに基づいて生きる動物だと思います。具体例を挙げましょう。人間は「ベジタリアンになるべきか？」とか、「フランス料理は日本料理より優れているか？」といった議論をすることができます。私自身は日本食の方が優れていると思いますが、甲乙つけ難いですね。あるいはフランス料理が勝つかもしれません。このように、「どんな食生活を選ぶべきか」という点について、人と話し合うことができます。

一方、ライオンはそんな会話はしません。ライオンはガゼルを食べながら、「ベジタリアンになるべきか？」などと議論したりはしません。なぜなら我々の知る限り、己が何者かという概念を持っているのは人間だけだからです。

この自己認識は間違っている場合もあります。例えば、カトリック教徒は人間には不滅の魂があると信じていますが、不滅の魂など多分ないでしょう。つまりカトリック教徒の自己認識は誤っているかもしれません。あるいは彼らが正しくて我々が間違っているのかもしれませんが、わかりません。

いずれにせよ、新実存主義は、人間は自分が何者かという認識に基づいて行動すると考えるのです。つまり人間は「人間とは何か」を問う生き物であり、人間の本質は答えではなく問いなのです。人間がいわば疑問符だとすれば、人間以外の存在は感嘆符です。ライオンはただライオンであり、月はただ月であり、植物はただ植物です。

人間は、ジャン＝ポール・サルトル（1905－1980）がうまく表現したように、「あるところのものであらず、あらぬところのものである」[1]のです。現実世界に「これは私だ」と言えるものは存在しません。目に見えるものはすべて私ではありません。私の身体でさえも私ではない。今の私の身体が私であるとしたら、昨日の身体は私ではなく、明日の身体も私ではないからです。私という人間に歴史があるとして、5分前の私と今の私が同じであるならば、私は私の身体ではあり得ないのです。物理的に実在するものは私ではないのです。それが人間です。

人間は自分が動物であるということを非常に恐れている

人類と同じものは存在しません。それが人類であり、そのために我々は自由なのです。すべての人がこの自由を持っています。ライオンである人間はいません。それがキップリングの『ジャングル・ブック』[2]のメッセージです。主人公の少年モウグリはヒョウや猿になれますが、ヒョウは猿にはなれません。

仮に他の動物を模倣できる動物がいたとしても、それらの動物は人間と共通点があるというだけで、詩を書いたり、車を所有したり、経済を運営したり、ビデオ会議をしたりすることはできないでしょう。人間は、自分たちが作り出した状況に適応できるのです。

さらにいえば、「人間は自分の動物性と距離を置いた動物である」。この言葉は、私の著書“The Meaning of Thought”（2021年2月16日現在、未邦訳）の末尾の一文です。

本を書くとき、私はまず最初と最後の文章を考えます。同書の終わりをどうまとめたら良いだろうかと考えていたときに思いついたのがこの一文でした。風呂場で思いつきました

（笑）。一番良いアイディアはサウナかお風呂に入っているときに思い浮かびます。

人間の他には、自分が動物であることを問題視する動物はいません。動物はただ動物であるだけです。しかし我々人間は動物であるということを非常に恐れています。

2 「神聖さ」が生じるとき

人生の意味とは

よく「人生の意味は?」と聞かれるのですが、生きることの意味は生きることです。命はこの世で価値を生み出す唯一のものです。しかしひどい人生もあり、すべての人生が価値を生み出すわけではありません。良い人生には、価値が内在しています。例えば健康に恵まれ、ささやかな幸せの詰まった一日を過ごすことができたとしたら、そこには価値がありま す。

例えばこのコーヒー。これまでに飲んだ中で最高のコーヒーとは言い難いですが、たった今、このコーヒーを一口飲みました。今、人生の意味について面白い会話をしながら、このコーヒーを飲んでいる。自分が得意とする哲学について話をしていて、そこそこ健康にも恵まれている。今こうしていること、これが人生の意味です。人生にこの瞬間以上に素晴らしいものはありません。

そしてこの瞬間の前の瞬間、例えば今朝私がしたこと、そしてこの瞬間の後にやってくる瞬間も、どれも良い瞬間です。ひょっとしたら私は今晩死ぬかもしれません。しかし私はこれから自分には良いことが起こるだろうと予想しており、すでに起こったことについても良い記憶があります。良い日もあれば悪い日もありますが、私の人生は今安定しています。そのうち変わるかもしれませんが。人生は山あり谷ありですから。

人生の意味は、自分のライフライン（命綱）を見つける能力にかかっています。人はどんなことをしているときが幸せなのかを知る必要があります。例えば、自分はゲイなのか、そうではないのか？　週に何回セックスしたいのか？　どんなセックスか？　どんな食べ物が好きなのか？　どんなところに住みたいのか？　好きな気候は？　好きな色は？　スーツを着るのが好きか、嫌いか？　スポーツは好きか、嫌いか？

生きるためには、自分のことを知らなければなりません。人には、幸せになれるゾーンがあります。ゾーンは人によって違います。このゾーンを見つけられたら、それは自分の運命です。そしてその運命が幸せをもたらします。

だからこそ人は重い病気にかかったり、不幸せなとき、運命を見失ったと感じるのです。

人が末期癌などでもうすぐ死ぬとわかったとき、自分だけでなく、周りの人たちも人生の意味を見失ってしまいます。周りの人たちは当人と体験を共有するため、彼らの人生の意味も消滅してしまうのです。

神の正体

そして、そうした危機に直面したとき、人は神や神聖なるもの（神聖性）に触れたと感じます。その体験は実在します。しかし、私たちが実際に経験しているのは人生そのものなのです。

親を亡くしたとき、私たちは宇宙の深淵に触れます。だから神聖な何かとつながったという特異な感覚を得るのです。私の哲学では、神聖性とは、自分が「全体」とつながる経験であり、人間の限りなく複雑な感覚が感じとる現実に他ならないのです。それが神の実体なのです。

我々の日常の体験は限られたものです。我々には目の前の目標しか見えません。しかし個人にとっての次の目標は、ある種の幻想なのです。例えば、私は明日のスケジュールを予定通り行う前に、今日、死ぬかもしれません。明日の予定は実行できるかもしれないし、できないかもしれないため、幻想だといえます。

人が生まれたり、死んだりするとき、つまり人生の最も極限的な状況では、幻想のベールが剝《は》がされます。だからこそ親しい人が亡くなったとき、あるいは親友を何らかの理由で失ったときには、心が大きく揺さぶられます。人生の意味に触れるため、非常に深い体験となるのです。

しかし人生の意味は、超越的（transcendent）ではなく、内在的（immanent）です。生命そのものに宿るものです。キリストの「私は命です」という言葉を、キリスト教徒はそのように解釈していると思います。ところで、神の概念を定義した人は、アリストテレスです。キリスト教の神の概念は、聖書ではなくアリストテレスが作ったものです。アリストテレスは神を「ヌース」[3]であるとも定義しています。

人の精神性があるレベルに達して、自己を完全なる人間として認識したとき、神聖性を体験するのです。神聖性とはそれだけのことです。これはヘーゲルのキリスト教観でもあります。神と人、イエスと神は同じであるとヘーゲルはいいました。キリスト教の意義は、神が存在しないと認識すること、つまり神の完全な否定だと彼はいっています。

父の死後に送られてきた不思議なメール

父が亡くなる1週間前、父とある約束をしました。父は翌週、自分が死ぬであろうことを知っていました。私は、もし肉体の死後も生命があるのなら、メッセージを送って欲しいと言いました。ただし夢に出てくるのは科学的に説明がつくので、夢じゃダメだ、メールを使おうということで合意しました。父は死んでからメールを送ると約束したのです。

父は園芸家だったのですが、今は自分が晩年手入れをした庭園の中の墓地に眠っています。父はそこに自分が埋葬されることは知りませんでした。この巡り合わせについて考えてみてください。

葬儀の当日、私は生まれて初めてその墓地の門をくぐり、火葬された父の遺骨を見ました。するとその瞬間、メールの着信音が鳴り響いたのです。メールは、父が結婚式を挙げたノルウェーのある街に住んでいる人からのものでした。この人が、園芸と不死についてのメールを送ってきたのです。

私は返信しました。「お父さん、あなたですか？」とは書きませんでしたよ。しかしこれはすごいことだと思いました。父は死後の世界からメールを送ると約束し、偶然にせよ、実際にこんなメールが来たのです。まるで本当に父が送ったかのようでしょう？　とても不思議なことではありましたが、これを死後の世界が存在する証拠だとは考えませんでした。ところが、その後この人は自分が描いた絵を送ってきて、事態はますます複雑になりました。その絵は、庭園と、不死と、魂に関する絵だったからです。

私はこの人の正体を調べはしませんでした。父だったのかもしれませんが、そうだとはいいません。ただ、不思議ではありました。その後2ヶ月間、私は墓地に行きませんでしたが、つい数週間前、妻と娘が訪れました。妻は車で墓地を通過中に、私に電話をかけてきました。墓地に着いたと妻が言ったと同時に、メールの着信音が鳴ったのです。それはまた例のノルウェーの人からのメールでした。内容は、「あなたの作品を読み終えたところですが、私のことを思い出していただきたいと思って」というもので、「また連絡をください」と書かれていました。繰り返しますが、このメールは妻が墓地に着いたと言った瞬間に届いたのです。

たくさんの偶然の重なりです。ただの偶然で、何の意味もないかもしれません。人は無意識に情報を選んでいます。いわゆる選択バイアスです。もちろん父にはメールを送って欲しいと願っています。だから父がメールをくれたと思えるような事象に気がつくのです。これが死後の世界が存在する証拠とは思いませんが、驚くべき出来事ではありました。この話をしたのは、神道や仏教がなぜ輪廻転生を信じているのかがわかるからです。人が死んだとき、周りの人はこの世を超越する何かに触れたような経験をするのです。

3
「考える」とはどういうことか

人類が最も退歩した点

人類という存在は過去1000年間に、進歩してきたといえるでしょうか。

ある意味では進歩したと思います。例えば同性婚の合法化のように、大きな前進も見られました。君主制の廃止やカトリック教会の権力の失墜、帝国主義の崩壊、奴隷制の廃止なども進歩です。

しかし8万年くらい前の人類は、今よりも進歩的だったといえるかもしれません。これは先住民族のコギ族から学んだことです。彼らは4000年前から同じ生活を続けていますが、いろいろな意味で我々よりも進歩的なのです。もちろん、そうでない面もありますが。

人類は著しく進歩した一方で、退歩した面もあると思います。特に自然科学やテクノロジーの発展から倫理を切り離したことは、最も退歩した点だと思います。このような退歩が、

20世紀における全体主義による戦争と原爆をもたらしたのです。１９４５年の広島と長崎のことです。

そして今、人類は気候変動危機によって自滅しようとしています。原爆も悲惨でしたが、気候変動はそれよりもさらに深刻な、人類史上最大の危機です。

気候問題を解決するためには、相当な倫理的進歩が必要です。気候問題を技術的に解決することは不可能です。ソーラーパネルや水素エネルギーだけでは対処できないのです。より良いバッテリーを開発しなければならないからです。この問題はこれまで何度も議論されてきました。

パンデミック対策のためにロックダウンを実施しても、世界の二酸化炭素排出量は８・８%しか減少しませんでした（２０２０年上半期）。なぜこんなに少ししか減らなかったかというと、サーバーのせいです。ソーシャルメディアは環境に優しくありません。ロックダウンよりも遥かに急進的な改革が必要です。ロックダウンを永久に実施するよりも、むしろライフスタイルそのものを変える必要があるのです。

理性的に行動するとは、「理由律」に従って行動すること

本書で何度も述べてきましたが、人類はもっと理性的に行動すべきなのです。

理性的に行動するとはどういうことか。私は「理由律」に従って行動することだと認識しています。理由律とは、因果律（すべての物事は必ずある原因によって起こり、その原因は結果より時間的に必ず先行するという原理）と非常に近い概念ですが、それよりも少しだけ広い意味を持っています。

因果は物理的に証明できることを指しますが、理由はもっと一般的です。我々は偉大な哲学者、ライプニッツ[4]のいう充足理由律に基づいて行動すべきです。

理由律は、「すべての事象は説明可能だが、説明するには多様なツールが必要だ」という考え方です。知性に基づく考え方です。知性はなぜ物事はこうなのかと、理由を問います。アリストテレスは物事を知ることと、物事の原因を知ることを区別しました。ギリシャ語では知ることをホティ（hoti）といい、「なにゆえにこうあるか」を知ることをディオティ（dioti）といいます。

統計的世界観は、例えば「何人の人がウイルスに感染した」といった事実しか知りません。しかし興味深いのは、「なぜそうなのか」ということ、つまり物事の「なにゆえにこうあるか」です。知りたいのは、「失業率が増えたのはなぜか」など、「なにゆえにこうあるか」の説明であり、何を変えられるかということなのです。

統計的世界観に陥らないためには、我々には「状況の特殊性」を考慮する思考が必要なのです。そのような思考のことを、質的思考と呼ぶことにしましょう。

例えば統計的思考は、部屋の中に何人の人がいるか、ドアの外に行くには何人の人の脇を通らなければならないかなどを問います。それに対し、質的思考は、部屋に誰がいるか、彼らは何をしているかなどを問います。我々に必要なのは量的思考ではなく、質的思考です。

「考える」とはどういうことか

人間が考えるとは、どういうことでしょうか。

考えるというのは、考えを掴むことです。では考えとは何でしょうか？

循環論にならないようにご説明しましょう。正しいかもしれないし、正しくないかもしれない物事を把握するのが、考えることです。従って、考えは正しいこともあるし、正しくないこともあります。

例えば私が、あなた方（二人のインタビュアー）が今大阪にいると考えたとします。この考えは間違っています。それに対して、あなた方が東京にいるというのは正しい考えです。

このように、考えは正しいこともあるし、正しくないこともあります。

ところが例えば私の手は正しくも間違ってもいません。手には5本の指がありますが、手はただの手で、手に真偽はありません。

つまり真実と虚構の違いは、思考があるところにしか存在しないのです。フレーゲ[5]という数学者・哲学者の定義を借りれば、考えるというのは、考えを掴むことなのです。この考え方はヘーゲルやプラトンにも見られます。

また私は、思考は視覚と同様、感覚の一種だと思っています。聴覚、嗅覚、視覚、思考。仏教の考えと同じように、思考を他の感覚と同列に捉えています。

人間の思考の弱点

人間の思考の基本的な弱さは、物事を把握する力が、思考に関する誤った概念に脅かされている点です。どういうことかというと、我々は考えることそれ自体について誤った考えを持っている可能性があるのです。つまり二重の誤解を持ち得るのです。そして考えること自体を誤解しているということは、人間について誤解しているということです。なぜなら人間は考える動物だからです。

さらに、人間について誤解しているとしたら（つまり自己を誤って認識していたら）、我々は大きな間違いを犯すでしょう。統計的世界観はこうして生まれたのです。統計的世界観は思考に関する間違った考えなのです。コンピューターサイエンスという分野は、思考に関する間違った考えに基づいていると思います。それはコンピューターサイエンスにとって都合の悪い話です。

カントのいう「考えることは判断すること」は正しいか

カントは『プロレゴメナ』の第22節などで、「考えることは判断すること」といいました。カントが言わんとしたことをできるだけ簡単に説明すると、判断とは基本的に主語と述語の組み合わせです。

私が「東京は美しい街だ」と思ったとします。他にも美しい街はあります。東京だけでなく、パリもローマも美しい。これらの街には「美しい街である」という共通点があります。「東京は美しい街だ」と考えるとき、私は「東京」と「美しい街」という概念を組み合わせる必要があります。これをカントは判断、「総合（synthesis）」と呼びました。

私の考えでは、思考と判断は異なります。物事はすでに結合しているため、結合する必要がないからです。つまり物事の組み合わせを把握するだけで良いのです。カントの問題点は、我々が考えることによって現実を「生み出している」と信じている点です。私の場合は、人間は考えることによって現実を「把握する」のだと思っています。それが私とカントの思考の概念の違いです。

我々は何も創造してはいません。ある意味、現実を変えるだけです。しかし現実を変えることも現実の一部なのです。現実から距離を置くことは不可能なのです。間違った考えを持つことは可能ですが、その間違った考えもまた現実なのです。

そしてすべての間違った考えは、正しい要素を含んでいます。完全に間違った考えというものは存在しません。例えば私が、「東京は韓国の首都である」と考えたとします。この考えの中には、「東京は都市である」という正しい考えが含まれています。正しい考えなくして、間違った考えは存在しないのです。完全に間違った考えは、考えではありません。

我々が「生きている」ことを実感するとき

カントは「考える」ことだけではなく、感覚に関することにもかなり言及しています。シラー[6]もそうなのですが、美的な体験が重要だといっています。私もそれに同意します。我々が、「確かに生きている」といえるのは、美を感じた瞬間ではないでしょうか。能を見て、それを楽しいと感じた瞬間。あるいは能ほど難解でないもの、例えば音楽でも良いでしょう。音楽に心を動かされたとき、自分自身を感じることができるでしょう。それは最も強烈な体験だと思います。

しかしそれだけではありません。良い会話、良いワイン、良い食事。高度な感覚的快楽はすべて、良い暮らしの一部なのです。私はそういう意味では快楽主義者です。感覚的快楽には思考も含まれ、良い哲学書を読むのは良いワインを飲むのと同じです。快楽的経験があるから私たちは生きているのです。

そしてできるだけ多くの心地良い経験を人と共有すべきです。何事もできるだけ楽しくあるべきです。楽しさを追求すると人を苦しめることがなくなるので、楽しむことが良いアイディアだとわかるでしょう。人を苦しめる行為は、苦しめる方にとっても、苦しめられる方にとっても不快だからです。

芸術に触れることは、確実に人類の進歩に重要な役割を果たします。

【注】

1 **「あるところのものであらず、あらぬところのものである」**"l'homme est ce qu'il n'est pas et n'est pas ce qu'il est."

サルトルは即自存在と対自存在という対概念を導入した。即自存在〈être-en-soi〉とは、物事のようなあり方であり、「それがあるところのもの〈l'être est ce qu'il est〉」である。常にそれ自身に対して同一のものとしてぴったり一致しており、否定が生まれない状態を指す。

それに対して、人間は対自存在〈pour-soi〉であり、「それがあるところのものであらず、それがあらぬところのものであるもの」である。自己に対する意識を持っており、物事のように自己同一的なあり方をしていない。サルトルによると、意識は常に「〜でない」という形で否定性を持っている。AはAであるという概念が成立するのは即自存在であり、対自存在においてはAはAであったとしか言われえない、本質など持たない存在である。

2 **『ジャングル・ブック』**　ラドヤード・キップリングが自身のインド生活から取材して、1894年に発表した短編小説集。のちに映画化された。オオカミの群れの中で育てられた少年モウグリが主人公の連作を一冊にまとめて刊行されることが多い。

3 **ヌース**　「魂」「精神」「理性」「知性」などを意味するギリシャ語。

4 **ゴットフリート・ライプニッツ**（1646－1716）　ドイツの哲学者、数学者。宇宙は個々に独立している「モナド」から構成されており、モナドに調和と統一をもたらすのは神による予定調和であるとするモナド論を展開したことで有名。主著に『モナドロジー』。

5 **ゴットロープ・フレーゲ**（1848－1925）ドイツの数学者、論理学者、哲学者。数学は論理によって導かれるべきだという論理主義を提唱し、記号論理学の祖となった。

6 **フリードリヒ・フォン・シラー**（1759－1805）ドイツの詩人、劇作家。カントの影響を受け、美学を研究した。主な作品に『群盗』、古典主義の代表作『ヴァレンシュタイン』『ヴィルヘルム＝テル』など。

おわりに

前著『世界史の針が巻き戻るとき』のときはボン大学の彼のオフィスで長時間インタビューを行ったが、今回は東京・ドイツ間をＺＯＯＭで結んでインタビューを行った。ＺＯＯＭは今や、1対1の取材（私も週に2、3回行っている）や小規模の会議、大学の講義に至るまで、ありとあらゆる機会で利用されている。ＣＯＶＩＤ‐19が有無を言わせず作り出したニューノーマルであるといえる。もちろん直接会ってインタビューするのがベストであるが、一度直接会って取材すれば少しは気心の知れた人になるので、2回目からＺＯＯＭでも十分取材できる。パンデミックが収束しても、ＺＯＯＭは仕事の一つのツールとして定着するのではないだろうか。

前回と今回の最大の違いは、地球という惑星が丸ごとパンデミックによって変わってしまったことである。個人の生活は言うまでもなく、経済、社会、政治すべての面で、今後の予測を立てるのが困難な状況になった。

だがガブリエルは本書で、行き詰まっているといわれている資本主義に対して、哲学者として具体的な解決案とビジョンを提示してくれた。彼は理論を説くだけではなく、自らさまざまなプロジェクトに参加し、倫理資本主義がさらに浸透するように行動している実践的哲学者である。

さらにガブリエルは、パンデミックが引き起こした変化、国と国のつながり、ソーシャルメディアにみられる個人のつながり、経済のつながり、生のあり方などすべての面でその本質を抉《えぐ》り出し、深遠な視座を提供してくれた。本書を丁寧に読めば、日々報道される皮相的なニュースに惑わされないようになると確信する。

例えば、私自身ドナルド・トランプほど誤解されているリーダーはいないと思うが、それは主流メディアの偏向報道に大いに関係があるとガブリエルは指摘する。ほとんどの主流メディアはトランプに批判的な報道をこれでもかというほど徹底して繰り返した。日本の主流メディアもひどかったが、アメリカの主流メディアの偏向は目に余るものがあった。ガブリエルは「まずメディアが偏向し始めて、それが原因でトランプが大統領になったと思う」と語ったが、みごとに正鵠《せいこく》を得た見方である。

さらに、異論もあるだろうが、ガブリエルは「パンデミックさえなければ、経済は好調だったので、トランプが圧勝していたでしょう。トランプはたいへん優れた大統領でした」と語っているが、まったく同感である。

表面に見える言動や印象だけで判断するのはすこぶる危険である。本書を読むことで、現象の本質を見極めるための思考法に触れていただければ幸いである。

二〇二一年二月　東京にて

大野和基

【著者略歴】
マルクス・ガブリエル［Markus Gabriel］

1980年生まれ。史上最年少の29歳で、200年以上の伝統を誇るボン大学の正教授に就任。西洋哲学の伝統に根ざしつつ、「新しい実在論」を提唱して世界的に注目される。著書『なぜ世界は存在しないのか』（講談社選書メチエ）は世界中でベストセラーとなった。さらに「新実存主義」、「新しい啓蒙」と次々に新たな概念を語る。NHKEテレ『欲望の時代の哲学』等にも出演。他の著書に『世界史の針が巻き戻るとき』（PHP新書）、『「私」は脳ではない』（講談社選書メチエ）など。

【インタビュー・編者略歴】
大野和基［Ohno Kazumoto］

1955年、兵庫県生まれ。大阪府立北野高校、東京外国語大学英米学科卒業。79〜97年渡米。コーネル大学で化学、ニューヨーク医科大学で基礎医学を学ぶ。その後、現地でジャーナリストとして活動。97年に帰国後も取材のため、頻繁に渡航。世界的な識者への取材を精力的に行っている。著書に『代理出産　生殖ビジネスと命の尊厳』（集英社新書）、訳書に『世界史の針が巻き戻るとき』（マルクス・ガブリエル著、PHP新書）、編書に『コロナ後の世界』（文春新書）など多数。

【訳者略歴】
髙田亜樹［Takada Aki］

東京都生まれ。国際基督教大学教養学部卒業後、同大学大学院行政学研究科博士前期課程修了。大学院在学中よりCNNの通訳をはじめ、多数の通訳・翻訳業務をこなす。オックスフォード大学大学院で政治学修士号を取得後、日本政府国連代表部専門調査員、国連開発計画コンサルタントなどを経て個人事業を経営。現在は日本国際基督教大学財団アソシエート・ディレクター。
訳書に『誰が文明を創ったか』（ウィル・デューラント著、PHP研究所）など。

※P152〜154「意見の対立をどう解消させるか」は大井美紗子氏が翻訳を担当しました。

PHP新書
PHP INTERFACE
https://www.php.co.jp/

つながり過ぎた世界の先に

（PHP新書 1251）

二〇二一年三月三十日 第一版第一刷

著者――マルクス・ガブリエル
インタビュー・編――大野和基　訳者――髙田亜樹
発行者――後藤淳一
発行所――株式会社PHP研究所
東京本部――〒135-8137 江東区豊洲5-6-52
第一制作部 ☎03-3520-9615（編集）
普及部 ☎03-3520-9630（販売）
京都本部――〒601-8411 京都市南区西九条北ノ内町11
組版――アイムデザイン株式会社
装幀者――芦澤泰偉＋児崎雅淑
印刷所
製本所――図書印刷株式会社

ISBN978-4-569-84905-8

ＰＨＰ新書刊行にあたって

「繁栄を通じて平和と幸福を」（PEACE and HAPPINESS through PROSPERITY）の願いのもと、ＰＨＰ研究所が創設されて今年で五十周年を迎えます。その歩みは、日本人が先の戦争を乗り越え、並々ならぬ努力を続けて、今日の繁栄を築き上げてきた軌跡に重なります。

しかし、平和で豊かな生活を手にした現在、多くの日本人は、自分が何のために生きているのか、どのように生きていきたいのかを、見失いつつあるように思われます。そして、その間にも、日本国内や世界のみならず地球規模での大きな変化が日々生起し、解決すべき問題となって私たちのもとに押し寄せてきます。

このような時代に人生の確かな価値を見出し、生きる喜びに満ちあふれた社会を実現するために、いま何が求められているのでしょうか。それは、先達が培ってきた知恵を紡ぎ直すこと、その上で自分たち一人一人がおかれた現実と進むべき未来について丹念に考えていくこと以外にはありません。

その営みは、単なる知識に終わらない深い思索へ、そしてよく生きるための哲学への旅でもあります。弊所が創設五十周年を迎えましたのを機に、ＰＨＰ新書を創刊し、この新たな旅を読者と共に歩んでいきたいと思っています。多くの読者の共感と支援を心よりお願いいたします。

一九九六年十月

ＰＨＰ研究所

1096 名刀に挑む　松田次泰
1104 一九四五　占守島の真実　相原秀起
1107 ついに「愛国心」のタブーから解き放たれる日本人　ケント・ギルバート
1108 コミンテルンの謀略と日本の敗戦　江崎道朗
1111 北条氏康　関東に王道楽土を築いた男　伊東 潤／板嶋常明
1115 古代の技術を知れば、『日本書紀』の謎が解ける　長野正孝
1116 国際法で読み解く戦後史の真実　倉山 満
1118 歴史の勉強法　山本博文
1121 明治維新で変わらなかった日本の核心　猪瀬直樹／磯田道史
1123 天皇は本当にただの象徴に堕ちたのか　竹田恒泰
1129 物流は世界史をどう変えたのか　玉木俊明
1130 なぜ日本だけが中国の呪縛から逃れられたのか　石 平
1138 吉原はスゴイ　堀口茉純
1141 福沢諭吉　しなやかな日本精神　小浜逸郎
1142 卑弥呼以前の倭国五〇〇年　大平 裕
1152 日本占領と「敗戦革命」の危機　江崎道朗
1160 明治天皇の世界史　倉山 満
1167 吉田松陰『孫子評註』を読む　森田吉彦
1168 特攻　知られざる内幕　戸髙一成［編］
1176 「縄文」の新常識を知れば 日本の謎が解ける　関 裕二
1177 「親日派」朝鮮人　消された歴史　拳骨拓史
1178 歌舞伎はスゴイ　堀口茉純
1181 日本の民主主義はなぜ世界一長く続いているのか　竹田恒泰
1185 戦略で読み解く日本合戦史　海上知明
1192 中国をつくった12人の悪党たち　石 平
1194 太平洋戦争の新常識　歴史街道編集部［編］
1197 朝鮮戦争と日本・台湾「侵略」工作　江崎道朗
1199 関ヶ原合戦は「作り話」だったのか　渡邊大門
1206 ウェストファリア体制　倉山 満
1207 本当の武士道とは何か　菅野覚明
1209 満洲事変　宮田昌明
1210 日本の心をつくった12人　石 平
1213 岩崎小彌太　武田晴人
1217 縄文文明と中国文明　関 裕二
1218 戦国時代を読み解く新視点　歴史街道編集部［編］
1228 太平洋戦争の名将たち　歴史街道編集部［編］
1243 源氏将軍断絶　坂井孝一